T&P BOOKS

TURCO
VOCABULÁRIO

PALAVRAS MAIS ÚTEIS

PORTUGUÊS
TURCO

Para alargar o seu léxico e apurar
as suas competências linguísticas

5000 palavras

Vocabulário Português-Turco - 5000 palavras
Por Andrey Taranov

Os vocabulários da T&P Books destinam-se a ajudar a aprender, a memorizar, e a rever palavras estrangeiras. O dicionário é dividido em temas, cobrindo todas as principais esferas de atividades quotidianas, negócios, ciência, cultura, etc.

O processo de aprendizagem, utilizando os dicionários baseados em temáticas da T&P Books dá-lhe as seguintes vantagens:

- Informação de origem corretamente agrupada predetermina o sucesso em fases subsequentes da memorização de palavras
- Disponibilização de palavras derivadas da mesma raiz, o que permite a memorização de unidades de texto (em vez de palavras separadas)
- Pequenas unidades de palavras facilitam o processo de estabelecimento de vínculos associativos necessários para a consolidação do vocabulário
- O nível de conhecimento da língua pode ser estimado pelo número de palavras aprendidas

Copyright © 2019 T&P Books Publishing

Todos os direitos reservados. Nenhuma parte desta publicação pode ser reproduzida, total ou parcialmente, por quaisquer métodos ou processos, sejam eles eletrónicos, mecânicos, de fotocópia ou outros, sem a autorização escrita do editor. Esta publicação não pode ser divulgada, copiada ou distribuída em nenhum formato.

T&P Books Publishing
www.tpbooks.com

ISBN: 978-1-78400-932-8

Este livro também está disponível em formato E-book.
Por favor visite www.tpbooks.com ou as principais livrarias on-line.

VOCABULÁRIO TURCO
palavras mais úteis

Os vocabulários da T&P Books destinam-se a ajudar a aprender, a memorizar, e a rever palavras estrangeiras. O vocabulário contém mais de 5000 palavras de uso comum organizadas tematicamente.

O vocabulário contém as palavras mais comummente usadas
Recomendado como adicional para qualquer curso de línguas
Satisfaz as necessidades dos iniciados e dos alunos avançados de línguas estrangeiras
Conveniente para o uso diário, sessões de revisão e atividades de auto-teste
Permite avaliar o seu vocabulário

Características especias do vocabulário

- As palavras estão organizadas de acordo com o seu significado, e não por ordem alfabética
- As palavras são apresentadas em três colunas para facilitar os processos de revisão e auto-teste
- As palavras compostas são divididas em pequenos blocos para facilitar o processo de aprendizagem
- O vocabulário oferece uma transcrição simples e adequada de cada palavra estrangeira

O vocabulário contém 155 tópicos incluindo:

Conceitos básicos, Números, Cores, Meses, Estações do ano, Unidades de medida, Roupas & Acessórios, Alimentos & Nutrição, Restaurante, Membros da Família, Parentes, Caráter, Sentimentos, Emoções, Doenças, Cidade, Passeios, Compras, Dinheiro, Casa, Lar, Escritório, Trabalho no Escritório, Importação & Exportação, Marketing, Pesquisa de Emprego, Desportos, Educação, Computador, Internet, Ferramentas, Natureza, Países, Nacionalidades e muito mais ...

TABELA DE CONTEÚDOS

Guia de pronunciação	9
Abreviaturas	10

CONCEITOS BÁSICOS	11
Conceitos básicos. Parte 1	11

1. Pronomes	11
2. Cumprimentos. Saudações. Despedidas	11
3. Como se dirigir a alguém	12
4. Números cardinais. Parte 1	12
5. Números cardinais. Parte 2	13
6. Números ordinais	14
7. Números. Frações	14
8. Números. Operações básicas	14
9. Números. Diversos	14
10. Os verbos mais importantes. Parte 1	15
11. Os verbos mais importantes. Parte 2	16
12. Os verbos mais importantes. Parte 3	17
13. Os verbos mais importantes. Parte 4	18
14. Cores	18
15. Questões	19
16. Preposições	20
17. Palavras funcionais. Advérbios. Parte 1	20
18. Palavras funcionais. Advérbios. Parte 2	22

Conceitos básicos. Parte 2	24
19. Dias da semana	24
20. Horas. Dia e noite	24
21. Meses. Estações	25
22. Unidades de medida	27
23. Recipientes	28

O SER HUMANO	29
O ser humano. O corpo	29
24. Cabeça	29
25. Corpo humano	30

Vestuário & Acessórios	31
26. Roupa exterior. Casacos	31
27. Vestuário de homem & mulher	31

28. Vestuário. Roupa interior 32
29. Adereços de cabeça 32
30. Calçado 32
31. Acessórios pessoais 33
32. Vestuário. Diversos 33
33. Cuidados pessoais. Cosméticos 34
34. Relógios de pulso. Relógios 35

Alimentação. Nutrição 36

35. Comida 36
36. Bebidas 37
37. Vegetais 38
38. Frutos. Nozes 39
39. Pão. Bolaria 40
40. Pratos cozinhados 40
41. Especiarias 41
42. Refeições 42
43. Por a mesa 42
44. Restaurante 43

Família, parentes e amigos 44

45. Informação pessoal. Formulários 44
46. Membros da família. Parentes 44

Medicina 46

47. Doenças 46
48. Sintomas. Tratamentos. Parte 1 47
49. Sintomas. Tratamentos. Parte 2 48
50. Sintomas. Tratamentos. Parte 3 49
51. Médicos 50
52. Medicina. Drogas. Acessórios 50

HABITAT HUMANO 52
Cidade 52

53. Cidade. Vida na cidade 52
54. Instituições urbanas 53
55. Sinais 54
56. Transportes urbanos 55
57. Turismo 56
58. Compras 57
59. Dinheiro 58
60. Correios. Serviço postal 59

Moradia. Casa. Lar 60

61. Casa. Eletricidade 60

62.	Moradia. Mansão	60
63.	Apartamento	60
64.	Mobiliário. Interior	61
65.	Quarto de dormir	62
66.	Cozinha	62
67.	Casa de banho	63
68.	Eletrodomésticos	64

ATIVIDADES HUMANAS 65
Emprego. Negócios. Parte 1 65

69.	Escritório. O trabalho no escritório	65
70.	Processos negociais. Parte 1	66
71.	Processos negociais. Parte 2	67
72.	Produção. Trabalhos	68
73.	Contrato. Acordo	69
74.	Importação & Exportação	70
75.	Finanças	70
76.	Marketing	71
77.	Publicidade	72
78.	Banca	72
79.	Telefone. Conversação telefónica	73
80.	Telefone móvel	74
81.	Estacionário	74
82.	Tipos de negócios	75

Emprego. Negócios. Parte 2 77

83.	Espetáculo. Feira	77
84.	Ciência. Investigação. Cientistas	78

Profissões e ocupações 79

85.	Procura de emprego. Demissão	79
86.	Gente de negócios	79
87.	Profissões de serviços	80
88.	Profissões militares e postos	81
89.	Oficiais. Padres	82
90.	Profissões agrícolas	82
91.	Profissões artísticas	83
92.	Várias profissões	83
93.	Ocupações. Estatuto social	85

Educação 86

94.	Escola	86
95.	Colégio. Universidade	87
96.	Ciências. Disciplinas	87
97.	Sistema de escrita. Ortografia	88
98.	Línguas estrangeiras	89

Descanso. Entretenimento. Viagens	91
99. Viagens	91
100. Hotel	91

EQUIPAMENTO TÉCNICO. TRANSPORTES   93
Equipamento técnico. Transportes   93

101. Computador	93
102. Internet. E-mail	94
103. Eletricidade	95
104. Ferramentas	95

Transportes   98

105. Avião	98
106. Comboio	99
107. Barco	100
108. Aeroporto	101

Eventos   103

109. Férias. Evento	103
110. Funerais. Enterro	104
111. Guerra. Soldados	104
112. Guerra. Ações militares. Parte 1	105
113. Guerra. Ações militares. Parte 2	107
114. Armas	108
115. Povos da antiguidade	110
116. Idade média	110
117. Líder. Chefe. Autoridades	112
118. Viloação da lei. Criminosos. Parte 1	113
119. Viloação da lei. Criminosos. Parte 2	114
120. Polícia. Lei. Parte 1	115
121. Polícia. Lei. Parte 2	116

NATUREZA   118
A Terra. Parte 1   118

122. Espaço sideral	118
123. A Terra	119
124. Pontos cardeais	120
125. Mar. Oceano	120
126. Nomes de Mares e Oceanos	121
127. Montanhas	122
128. Nomes de montanhas	123
129. Rios	123
130. Nomes de rios	124
131. Floresta	124
132. Recursos naturais	125

A Terra. Parte 2   127

133. Tempo   127
134. Tempo extremo. Catástrofes naturais   128

Fauna   129

135. Mamíferos. Predadores   129
136. Animais selvagens   129
137. Animais domésticos   130
138. Pássaros   131
139. Peixes. Animais marinhos   133
140. Amfíbios. Répteis   133
141. Insetos   134

Flora   135

142. Árvores   135
143. Arbustos   135
144. Frutos. Bagas   136
145. Flores. Plantas   137
146. Cereais, grãos   138

PAÍSES. NACIONALIDADES   139

147. Europa Ocidental   139
148. Europa Central e de Leste   139
149. Países da ex-URSS   140
150. Asia   140
151. América do Norte   141
152. América Central do Sul   141
153. Africa   142
154. Austrália. Oceania   142
155. Cidades   142

GUIA DE PRONUNCIAÇÃO

Alfabeto fonético T&P	Exemplo Turco	Exemplo Português

Vogais

[a]	akşam [akʃam]	chamar
[e]	kemer [kemer]	mover
[i]	bitki [bitki]	sinónimo
[ɪ]	fırıncı [fırındʒɪ]	sinónimo
[o]	foto [foto]	lobo
[u]	kurşun [kurʃun]	bonita
[ø]	römorkör [rømorkør]	orgulhoso
[y]	cümle [dʒymle]	questionar

Consoantes

[b]	baba [baba]	barril
[d]	ahududu [ahududu]	dentista
[dʒ]	acil [adʒil]	adjetivo
[f]	felsefe [felsefe]	safári
[g]	guguk [guguk]	gosto
[ʒ]	Japon [ʒapon]	talvez
[j]	kayak [kajak]	géiser
[h]	merhaba [merhaba]	[h] aspirada
[k]	okumak [okumak]	kiwi
[l]	sağlıklı [saalıklı]	libra
[m]	mermer [mermer]	magnólia
[n]	nadiren [nadiren]	natureza
[p]	papaz [papaz]	presente
[r]	rehber [rehber]	riscar
[s]	saksağan [saksaan]	sanita
[ʃ]	şalgam [ʃalgam]	mês
[t]	takvim [takvim]	tulipa
[tʃ]	çelik [tʃelik]	Tchau!
[v]	Varşova [varʃova]	fava
[z]	kuzey [kuzej]	sésamo

ABREVIATURAS
usadas no vocabulário

Abreviaturas do Português

adj	-	adjetivo
adv	-	advérbio
anim.	-	animado
conj.	-	conjunção
desp.	-	desporto
etc.	-	etecetra
ex.	-	por exemplo
f	-	nome feminino
f pl	-	feminino plural
fem.	-	feminino
inanim.	-	inanimado
m	-	nome masculino
m pl	-	masculino plural
m, f	-	masculino, feminino
masc.	-	masculino
mat.	-	matemática
mil.	-	militar
pl	-	plural
prep.	-	preposição
pron.	-	pronome
sb.	-	sobre
sing.	-	singular
v aux	-	verbo auxiliar
vi	-	verbo intransitivo
vi, vt	-	verbo intransitivo, transitivo
vr	-	verbo reflexivo
vt	-	verbo transitivo

CONCEITOS BÁSICOS

Conceitos básicos. Parte 1

1. Pronomes

eu	ben	[ben]
tu	sen	[sen]
ele, ela	o	[o]
nós	biz	[biz]
vocês	siz	[siz]
eles, elas	onlar	[onlar]

2. Cumprimentos. Saudações. Despedidas

Olá!	Selam!	[selam]
Bom dia! (formal)	Merhaba!	[merhaba]
Bom dia! (de manhã)	Günaydın!	[gynajdın]
Boa tarde!	İyi günler!	[iji gynler]
Boa noite!	İyi akşamlar!	[iji akʃamlar]
cumprimentar (vt)	selam vermek	[selam vermek]
Olá!	Selam!, Merhaba!	[selam], [merhaba]
saudação (f)	selam	[selam]
saudar (vt)	selamlamak	[selamlamak]
Como vai?	Nasılsın?	[nasılsın]
O que há de novo?	Ne var ne yok?	[ne var ne jok]
Até à vista!	Hoşca kalın!	[hoʃdʒa kalın]
Até breve!	Görüşürüz!	[gøryʃyryz]
Adeus! (sing.)	Güle güle!	[gyle gyle]
Adeus! (pl)	Elveda!	[elveda]
despedir-se (vr)	vedalaşmak	[vedalaʃmak]
Até logo!	Hoşça kal!	[hoʃtʃa kal]
Obrigado! -a!	Teşekkür ederim!	[teʃekkyr ederim]
Muito obrigado! -a!	Çok teşekkür ederim!	[tʃok teʃekkyr ederim]
De nada	Rica ederim	[ridʒa ederim]
Não tem de quê	Bir şey değil	[bir ʃej deil]
De nada	Estağfurullah	[estaafurulla]
Desculpa!	Affedersin!	[afedersin]
Desculpe!	Affedersiniz!	[afedersiniz]
desculpar (vt)	affetmek	[afetmek]
desculpar-se (vr)	özür dilemek	[øzyr dilemek]
As minhas desculpas	Özür dilerim	[øzyr dilerim]

11

Desculpe!	Affedersiniz!	[afedersiniz]
perdoar (vt)	affetmek	[afetmek]
por favor	lütfen	[lytfen]

Não se esqueça!	Unutmayın!	[unutmajın]
Certamente! Claro!	Kesinlikle!	[kesinlikte]
Claro que não!	Tabi ki hayır!	[tabi ki hajır]
Está bem! De acordo!	Tamam!	[tamam]
Basta!	Yeter artık!	[jeter artık]

3. Como se dirigir a alguém

senhor	Beyefendi	[bejefendi]
senhora	Hanımefendi	[hanımefendi]
rapariga	Hanımefendi	[hanımefendi]
rapaz	Genç, delikanlı	[gentʃ], [delikanlı]
menino	Oğlum	[oolum]
menina	Kızım	[kızım]

4. Números cardinais. Parte 1

zero	sıfır	[sıfır]
um	bir	[bir]
dois	iki	[iki]
três	üç	[ytʃ]
quatro	dört	[dørt]

cinco	beş	[beʃ]
seis	altı	[altı]
sete	yedi	[jedi]
oito	sekiz	[sekiz]
nove	dokuz	[dokuz]

dez	on	[on]
onze	on bir	[on bir]
doze	on iki	[on iki]
treze	on üç	[on ytʃ]
catorze	on dört	[on dørt]

quinze	on beş	[on beʃ]
dezasseis	on altı	[on altı]
dezassete	on yedi	[on jedi]
dezoito	on sekiz	[on sekiz]
dezanove	on dokuz	[on dokuz]

vinte	yirmi	[jirmi]
vinte e um	yirmi bir	[jirmi bir]
vinte e dois	yirmi iki	[jirmi iki]
vinte e três	yirmi üç	[jirmi ytʃ]

| trinta | otuz | [otuz] |
| trinta e um | otuz bir | [otuz bir] |

| trinta e dois | otuz iki | [otuz iki] |
| trinta e três | otuz üç | [otuz ytʃ] |

quarenta	kırk	[kırk]
quarenta e um	kırk bir	[kırk bir]
quarenta e dois	kırk iki	[kırk iki]
quarenta e três	kırk üç	[kırk ytʃ]

cinquenta	elli	[elli]
cinquenta e um	elli bir	[elli bir]
cinquenta e dois	elli iki	[elli iki]
cinquenta e três	elli üç	[elli ytʃ]

sessenta	altmış	[altmıʃ]
sessenta e um	altmış bir	[altmıʃ bir]
sessenta e dois	altmış iki	[altmıʃ iki]
sessenta e três	altmış üç	[altmıʃ ytʃ]

setenta	yetmiş	[jetmiʃ]
setenta e um	yetmiş bir	[jetmiʃ bir]
setenta e dois	yetmiş iki	[jetmiʃ iki]
setenta e três	yetmiş üç	[jetmiʃ ytʃ]

oitenta	seksen	[seksen]
oitenta e um	seksen bir	[seksen bir]
oitenta e dois	seksen iki	[seksen iki]
oitenta e três	seksen üç	[seksen ytʃ]

noventa	doksan	[doksan]
noventa e um	doksan bir	[doksan bir]
noventa e dois	doksan iki	[doksan iki]
noventa e três	doksan üç	[doksan ytʃ]

5. Números cardinais. Parte 2

cem	yüz	[juz]
duzentos	iki yüz	[iki juz]
trezentos	üç yüz	[ytʃ juz]
quatrocentos	dört yüz	[dørt juz]
quinhentos	beş yüz	[beʃ juz]

seiscentos	altı yüz	[altı juz]
setecentos	yedi yüz	[jedi juz]
oitocentos	sekiz yüz	[sekiz juz]
novecentos	dokuz yüz	[dokuz juz]

mil	bin	[bin]
dois mil	iki bin	[iki bin]
De quem são ...?	üç bin	[ytʃ bin]
dez mil	on bin	[on bin]
cem mil	yüz bin	[juz bin]

| um milhão | milyon | [miljon] |
| mil milhões | milyar | [miljar] |

6. Números ordinais

primeiro	birinci	[birindʒi]
segundo	ikinci	[ikindʒi]
terceiro	üçüncü	[ytʃyndʒy]
quarto	dördüncü	[dørdyndʒy]
quinto	beşinci	[beʃindʒi]
sexto	altıncı	[altındʒı]
sétimo	yedinci	[jedindʒi]
oitavo	sekizinci	[sekizindʒi]
nono	dokuzuncu	[dokuzundʒu]
décimo	onuncu	[onundʒu]

7. Números. Frações

fração (f)	kesir	[kesir]
um meio	yarım	[jarım]
um terço	üçte bir	[ytʃte bir]
um quarto	dörtte bir	[dørtte bir]
um oitavo	sekizde bir	[sekizde bir]
um décimo	onda bir	[onda bir]
dois terços	üçte iki	[ytʃte iki]
três quartos	dörtte üç	[dørtte ytʃ]

8. Números. Operações básicas

subtração (f)	çıkarma	[tʃıkarma]
subtrair (vi, vt)	çıkarmak	[tʃıkarmak]
divisão (f)	bölme	[bølme]
dividir (vt)	bölmek	[bølmek]
adição (f)	toplama	[toplama]
somar (vt)	toplamak	[toplamak]
adicionar (vt)	katmak	[katmak]
multiplicação (f)	çarpma	[tʃarpma]
multiplicar (vt)	çarpmak	[tʃarpmak]

9. Números. Diversos

algarismo, dígito (m)	rakam	[rakam]
número (m)	sayı	[sajı]
numeral (m)	sayı, rakam	[sajı], [rakam]
menos (m)	eksi	[eksi]
mais (m)	artı	[artı]
fórmula (f)	formül	[formyl]
cálculo (m)	hesaplama	[hesaplama]
contar (vt)	saymak	[sajmak]

calcular (vt)	hesaplamak	[hesaplamak]
comparar (vt)	karşılaştırmak	[karʃılaʃtırmak]
Quanto?	Kaç?	[katʃ]
Quantos? -as?	Ne kadar?	[ne kadar]
soma (f)	toplam	[toplam]
resultado (m)	sonuç	[sonutʃ]
resto (m)	kalan	[kalan]
alguns, algumas ...	birkaç	[birkatʃ]
um pouco de ...	biraz	[biraz]
resto (m)	geri kalan	[geri kalan]
um e meio	bir buçuk	[bir butʃuk]
dúzia (f)	düzine	[dyzine]
ao meio	yarı yarıya	[jarı jarıja]
em partes iguais	eşit olarak	[eʃit olarak]
metade (f)	yarım	[jarım]
vez (f)	kere	[kere]

10. Os verbos mais importantes. Parte 1

abrir (vt)	açmak	[atʃmak]
acabar, terminar (vt)	bitirmek	[bitirmek]
aconselhar (vt)	tavsiye etmek	[tavsije etmek]
adivinhar (vt)	doğru tahmin etmek	[dooru tahmin etmek]
advertir (vt)	uyarmak	[ujarmak]
ajudar (vt)	yardım etmek	[jardım etmek]
almoçar (vi)	öğle yemeği yemek	[ø:le jemei jemek]
alugar (~ um apartamento)	kiralamak	[kiralamak]
amar (vt)	sevmek	[sevmek]
ameaçar (vt)	tehdit etmek	[tehdit etmek]
anotar (escrever)	not almak	[not almak]
apanhar (vt)	tutmak	[tutmak]
apressar-se (vr)	acele etmek	[adʒele etmek]
arrepender-se (vr)	üzülmek	[yzylmek]
assinar (vt)	imzalamak	[imzalamak]
atirar, disparar (vi)	ateş etmek	[ateʃ etmek]
brincar (vi)	şaka yapmak	[ʃaka japmak]
brincar, jogar (crianças)	oynamak	[ojnamak]
buscar (vt)	aramak	[aramak]
caçar (vi)	avlamak	[avlamak]
cair (vi)	düşmek	[dyʃmek]
cavar (vt)	kazmak	[kazmak]
cessar (vt)	durdurmak	[durdurmak]
chamar (~ por socorro)	çağırmak	[tʃaırmak]
chegar (vi)	gelmek	[gelmek]
chorar (vi)	ağlamak	[aalamak]
começar (vt)	başlamak	[baʃlamak]

15

comparar (vt)	karşılaştırmak	[karʃılaʃtırmak]
compreender (vt)	anlamak	[anlamak]
concordar (vi)	razı olmak	[razı olmak]
confiar (vt)	güvenmek	[gyvenmek]

confundir (equivocar-se)	ayırt edememek	[ajırt edememek]
conhecer (vt)	tanımak	[tanımak]
contar (fazer contas)	saymak	[sajmak]
contar com (esperar)	... güvenmek	[gyvenmek]
continuar (vt)	devam etmek	[devam etmek]

controlar (vt)	kontrol etmek	[kontrol etmek]
convidar (vt)	davet etmek	[davet etmek]
correr (vi)	koşmak	[koʃmak]
criar (vt)	oluşturmak	[oluʃturmak]
custar (vt)	değerinde olmak	[deerinde olmak]

11. Os verbos mais importantes. Parte 2

dar (vt)	vermek	[vermek]
dar uma dica	ipucu vermek	[ipudʒu vermek]
decorar (enfeitar)	süslemek	[syslemek]
defender (vt)	savunmak	[savunmak]
deixar cair (vt)	düşürmek	[dyʃyrmek]

descer (para baixo)	aşağı inmek	[aʃaı inmek]
desculpar (vt)	affetmek	[afetmek]
desculpar-se (vr)	özür dilemek	[øzyr dilemek]
dirigir (~ uma empresa)	yönetmek	[jønetmek]
discutir (notícias, etc.)	görüşmek	[gøryʃmek]
dizer (vt)	söylemek	[søjlemek]

duvidar (vt)	tereddüt etmek	[tereddyt etmek]
encontrar (achar)	bulmak	[bulmak]
enganar (vt)	aldatmak	[aldatmak]
entrar (na sala, etc.)	girmek	[girmek]
enviar (uma carta)	göndermek	[gøndermek]

errar (equivocar-se)	hata yapmak	[hata japmak]
escolher (vt)	seçmek	[setʃmek]
esconder (vt)	saklamak	[saklamak]
escrever (vt)	yazmak	[jazmak]
esperar (o autocarro, etc.)	beklemek	[beklemek]

esperar (ter esperança)	ummak	[ummak]
esquecer (vt)	unutmak	[unutmak]
estudar (vt)	öğrenmek	[ø:renmek]
exigir (vt)	talep etmek	[talep etmek]
existir (vi)	var olmak	[var olmak]

explicar (vt)	izah etmek	[izah etmek]
falar (vi)	konuşmak	[konuʃmak]
faltar (clases, etc.)	gelmemek	[gelmemek]
fazer (vt)	yapmak, etmek	[japmak], [etmek]

ficar em silêncio	susmak	[susmak]
gabar-se, jactar-se (vr)	övünmek	[øvynmek]
gritar (vi)	bağırmak	[baırmak]
guardar (cartas, etc.)	saklamak	[saklamak]
informar (vt)	bilgi vermek	[bilgi vermek]
insistir (vi)	ısrar etmek	[ısrar etmek]
insultar (vt)	hakaret etmek	[hakaret etmek]
interessar-se (vr)	ilgilenmek	[ilgilenmek]
ir (a pé)	yürümek, gitmek	[jurymek], [gitmek]
ir nadar	suya girmek	[suja girmek]
jantar (vi)	akşam yemeği yemek	[akʃam jemei jemek]

12. Os verbos mais importantes. Parte 3

ler (vt)	okumak	[okumak]
libertar (cidade, etc.)	serbest bırakmak	[serbest bırakmak]
matar (vt)	öldürmek	[øldyrmek]
mencionar (vt)	anmak	[anmak]
mostrar (vt)	göstermek	[gøstermek]
mudar (modificar)	değiştirmek	[deiʃtirmek]
nadar (vi)	yüzmek	[juzmek]
negar-se a ...	reddetmek	[reddetmek]
objetar (vt)	itiraz etmek	[itiraz etmek]
observar (vt)	gözlemlemek	[gøzlemlemek]
ordenar (mil.)	emretmek	[emretmek]
ouvir (vt)	duymak	[dujmak]
pagar (vt)	ödemek	[ødemek]
parar (vi)	durmak	[durmak]
participar (vi)	katılmak	[katılmak]
pedir (comida)	sipariş etmek	[sipariʃ etmek]
pedir (um favor, etc.)	rica etmek	[ridʒa etmek]
pegar (tomar)	almak	[almak]
pensar (vt)	düşünmek	[dyʃynmek]
perceber (ver)	farketmek	[farketmek]
perdoar (vt)	affetmek	[afetmek]
perguntar (vt)	sormak	[sormak]
permitir (vt)	izin vermek	[izin vermek]
pertencer a ...	... ait olmak	[ait olmak]
planear (vt)	planlamak	[planlamak]
poder (vi)	yapabilmek	[japabilmek]
possuir (vt)	sahip olmak	[sahip olmak]
preferir (vt)	tercih etmek	[terdʒih etmek]
preparar (vt)	pişirmek	[piʃirmek]
prever (vt)	önceden görmek	[øndʒeden gørmek]
prometer (vt)	vaat etmek	[vaat etmek]
pronunciar (vt)	telâffuz etmek	[telafuz etmek]

propor (vt)	önermek	[ønermek]
punir (castigar)	cezalandırmak	[dʒezalandırmak]

13. Os verbos mais importantes. Parte 4

quebrar (vt)	kırmak	[kırmak]
queixar-se (vr)	şikayet etmek	[ʃikajet etmek]
querer (desejar)	istemek	[istemek]
recomendar (vt)	tavsiye etmek	[tavsije etmek]
repetir (dizer outra vez)	tekrar etmek	[tekrar etmek]
repreender (vt)	sövmek	[søvmek]
reservar (~ um quarto)	rezerve etmek	[rezerve etmek]
responder (vt)	cevap vermek	[dʒevap vermek]
rezar, orar (vi)	dua etmek	[dua etmek]
rir (vi)	gülmek	[gylmek]
roubar (vt)	çalmak	[tʃalmak]
saber (vt)	bilmek	[bilmek]
sair (~ de casa)	çıkmak	[tʃıkmak]
salvar (vt)	kurtarmak	[kurtarmak]
seguir ...	... takip etmek	[takip etmek]
sentar-se (vr)	oturmak	[oturmak]
ser necessário	gerekmek	[gerekmek]
ser, estar	olmak	[olmak]
significar (vt)	anlamına gelmek	[anlamına gelmek]
sorrir (vi)	gülümsemek	[gylymsemek]
surpreender-se (vr)	şaşırmak	[ʃaʃırmak]
tentar (vt)	denemek	[denemek]
ter (vt)	sahip olmak	[sahip olmak]
ter fome	yemek istemek	[jemek istemek]
ter medo	korkmak	[korkmak]
ter sede	içmek istemek	[itʃmek istemek]
tocar (com as mãos)	ellemek	[ellemek]
tomar o pequeno-almoço	kahvaltı yapmak	[kahvaltı japmak]
trabalhar (vi)	çalışmak	[tʃalıʃmak]
traduzir (vt)	çevirmek	[tʃevirmek]
unir (vt)	birleştirmek	[birleʃtirmek]
vender (vt)	satmak	[satmak]
ver (vt)	görmek	[gørmek]
virar (ex. ~ à direita)	dönmek	[dønmek]
voar (vi)	uçmak	[utʃmak]

14. Cores

cor (f)	renk	[renk]
matiz (m)	renk tonu	[renk tonu]

tom (m)	renk tonu	[renk tonu]
arco-íris (m)	gökkuşağı	[gøkkuʃaı]
branco	beyaz	[bejaz]
preto	siyah	[sijah]
cinzento	gri	[gri]
verde	yeşil	[jeʃil]
amarelo	sarı	[sarı]
vermelho	kırmızı	[kırmızı]
azul	mavi	[mavi]
azul claro	açık mavi	[atʃık mavi]
rosa	pembe	[pembe]
laranja	turuncu	[turundʒu]
violeta	mor	[mor]
castanho	kahve rengi	[kahve rengi]
dourado	altın	[altın]
prateado	gümüşü	[gymyʃy]
bege	bej rengi	[beʒ rengi]
creme	krem rengi	[krem rengi]
turquesa	turkuaz	[turkuaz]
vermelho cereja	vişne rengi	[viʃne rengi]
lilás	leylak rengi	[lejlak rengi]
carmesim	koyu kırmızı	[koju kırmızı]
claro	açık	[atʃık]
escuro	koyu	[koju]
vivo	parlak	[parlak]
de cor	renkli	[renkli]
a cores	renkli	[renkli]
preto e branco	siyah-beyaz	[sijah bejaz]
unicolor	tek renkli	[tek renkli]
multicor	rengârenk	[rengjarenk]

15. Questões

Quem?	Kim?	[kim]
Que?	Ne?	[ne]
Onde?	Nerede?	[nerede]
Para onde?	Nereye?	[nereje]
De onde?	Nereden?	[nereden]
Quando?	Ne zaman?	[ne zaman]
Para quê?	Neden?	[neden]
Porquê?	Neden?	[neden]
Para quê?	Ne için?	[ne itʃin]
Como?	Nasıl?	[nasıl]
Qual?	Hangi?	[hangi]
Qual? (entre dois ou mais)	Kaçıncı?	[katʃındʒı]
A quem?	Kime?	[kime]

Sobre quem?	Kim hakkında?	[kim hakında]
Do quê?	Ne hakkında?	[ne hakkında]
Com quem?	Kimle?	[kimle]
Quantos? -as?	Ne kadar?	[ne kadar]
Quanto?	Kaç?	[katʃ]
De quem? (masc.)	Kimin?	[kimin]

16. Preposições

com (prep.)	... -ile, ... -le, ... -la	[ile], [le], [la]
sem (prep.)	... -sız, ... -suz	[sız], [suz]
a, para (exprime lugar)	... -e, ... -a	[e], [a]
sobre (ex. falar ~)	hakkında	[hakkında]
antes de ...	önce	[øndʒe]
diante de ...	önünde	[ønynde]
sob (debaixo de)	altında	[altında]
sobre (em cima de)	üstünde	[ystynde]
sobre (~ a mesa)	üstüne	[ystyne]
de (vir ~ Lisboa)	... -den, ... -dan	[den], [dan]
de (feito ~ pedra)	... -den, ... -dan	[den], [dan]
dentro de (~ dez minutos)	sonra	[sonra]
por cima de ...	üstünden	[ystynden]

17. Palavras funcionais. Advérbios. Parte 1

Onde?	Nerede?	[nerede]
aqui	burada	[burada]
lá, ali	orada	[orada]
em algum lugar	bir yerde	[bir jerde]
em lugar nenhum	hiç bir yerde	[hitʃ birj jerde]
ao pé de ...	... yanında	[janında]
ao pé da janela	pencerenin yanında	[pendʒerenin janında]
Para onde?	Nereye?	[nereje]
para cá	buraya	[buraja]
para lá	oraya	[oraja]
daqui	buradan	[buradan]
de lá, dali	oradan	[oradan]
perto	yakında	[jakında]
longe	uzağa	[uzaa]
perto de ...	yakında	[jakında]
ao lado de	yakınında	[jakınında]
perto, não fica longe	civarında	[dʒivarında]
esquerdo	sol	[sol]
à esquerda	solda	[solda]

para esquerda	sola	[sola]
direito	sağ	[saa]
à direita	sağda	[saada]
para direita	sağa	[saa]

à frente	önde	[ønde]
da frente	ön	[øn]
em frente (para a frente)	ileri	[ileri]

atrás de ...	arkada	[arkada]
por detrás (vir ~)	arkadan	[arkadan]
para trás	geriye	[gerije]

| meio (m), metade (f) | orta | [orta] |
| no meio | ortasında | [ortasında] |

de lado	kenarda	[kenarda]
em todo lugar	her yerde	[her jerde]
ao redor (olhar ~)	çevrede	[tʃevrede]

de dentro	içeriden	[itʃeriden]
para algum lugar	bir yere	[bir jere]
diretamente	dosdoğru	[dosdooru]
de volta	geri	[geri]

| de algum lugar | bir yerden | [bir jerden] |
| de um lugar | bir yerden | [bir jerden] |

em primeiro lugar	ilk olarak	[ilk olarak]
em segundo lugar	ikinci olarak	[ikindʒi olarak]
em terceiro lugar	üçüncü olarak	[ytʃundʒy olarak]

de repente	birdenbire	[birdenbire]
no início	başlangıçta	[baʃlangıtʃta]
pela primeira vez	ilk kez	[ilk kez]
muito antes de ...	çok daha önce ...	[tʃok daa øndʒe]
de novo, novamente	yeniden	[jeniden]
para sempre	sonsuza kadar	[sonsuza kadar]

nunca	hiçbir zaman	[hitʃbir zaman]
de novo	tekrar	[tekrar]
agora	şimdi	[ʃimdi]
frequentemente	sık	[sık]
então	o zaman	[o zaman]
urgentemente	acele	[adʒele]
usualmente	genellikle	[genellikle]

a propósito, ...	aklıma gelmişken, ...	[aklıma gelmiʃken]
é possível	mümkündür	[mymkyndyr]
provavelmente	muhtemelen	[muhtemelen]
talvez	olabilir	[olabilir]
além disso, ...	ayrıca ...	[ajrıdʒa]
por isso ...	onun için	[onun itʃin]
apesar de ...	rağmen ...	[raamen]
graças a ...	... sayesinde	[sajesinde]
que (pron.)	ne	[ne]

que (conj.)	... -ki, ... -dığı, ... -diği	[ki], [dɪːɪ], [diːi]
algo	bir şey	[bir ʃej]
alguma coisa	bir şey	[bir ʃej]
nada	hiçbir şey	[hitʃbir ʃej]

quem	kim	[kim]
alguém (~ teve uma ideia ...)	birisi	[birisɪ]
alguém	birisi	[birisɪ]

ninguém	hiç kimse	[hitʃ kimse]
para lugar nenhum	hiçbir yere	[hitʃbir jere]
de ninguém	kimsesiz	[kimsesiz]
de alguém	birinin	[birinin]

tão	öylesine	[øjlesine]
também (gostaria ~ de ...)	dahi, ayrıca	[dahi], [ajrɪʤa]
também (~ eu)	da	[da]

18. Palavras funcionais. Advérbios. Parte 2

Porquê?	Neden?	[neden]
por alguma razão	nedense	[nedense]
porque ...	çünkü	[tʃynky]
por qualquer razão	her nedense	[her nedense]

e (tu ~ eu)	ve	[ve]
ou (ser ~ não ser)	veya	[veja]
mas (porém)	fakat	[fakat]
para (~ a minha mãe)	için	[itʃin]

demasiado, muito	fazla	[fazla]
só, somente	ancak	[anʤak]
exatamente	tam	[tam]
cerca de (~ 10 kg)	yaklaşık	[jaklaʃɪk]

aproximadamente	yaklaşık olarak	[jaklaʃɪk olarak]
aproximado	yaklaşık	[jaklaʃɪk]
quase	hemen	[hemen]
resto (m)	geri kalan	[geri kalan]

cada	her biri	[her biri]
qualquer	herhangi biri	[herhangi biri]
muito	çok	[tʃok]
muitas pessoas	birçokları	[birtʃokları]
todos	hepsi, herkes	[hepsi], [herkez]

em troca de ...	... karşılık olarak	[karʃılık olarak]
em troca	yerine	[jerine]
à mão	elle, el ile	[elle], [el ile]
pouco provável	şüpheli	[ʃypheli]

provavelmente	galiba	[galiba]
de propósito	mahsus	[mahsus]
por acidente	tesadüfen	[tesadyfen]

muito	pek	[pek]
por exemplo	mesela	[mesela]
entre	arasında	[arasında]
entre (no meio de)	ortasında	[ortasında]
tanto	kadar	[kadar]
especialmente	özellikle	[øzelikle]

Conceitos básicos. Parte 2

19. Dias da semana

segunda-feira (f)	Pazartesi	[pazartesi]
terça-feira (f)	Salı	[salı]
quarta-feira (f)	Çarşamba	[tʃarʃamba]
quinta-feira (f)	Perşembe	[perʃembe]
sexta-feira (f)	Cuma	[dʒuma]
sábado (m)	Cumartesi	[dʒumartesi]
domingo (m)	Pazar	[pazar]
hoje	bugün	[bugyn]
amanhã	yarın	[jarın]
depois de amanhã	öbür gün	[øbyr gyn]
ontem	dün	[dyn]
anteontem	evvelki gün	[evvelki gyn]
dia (m)	gün	[gyn]
dia (m) de trabalho	iş günü	[iʃ gyny]
feriado (m)	bayram günü	[bajram gyny]
dia (m) de folga	tatil günü	[tatil gyny]
fim (m) de semana	hafta sonu	[hafta sonu]
o dia todo	bütün gün	[bytyn gyn]
no dia seguinte	ertesi gün	[ertesi gyn]
há dois dias	iki gün önce	[iki gyn øndʒe]
na véspera	bir gün önce	[bir gyn øndʒe]
diário	günlük	[gynlyk]
todos os dias	her gün	[her gyn]
semana (f)	hafta	[hafta]
na semana passada	geçen hafta	[getʃen hafta]
na próxima semana	gelecek hafta	[geldʒek hafta]
semanal	haftalık	[haftalık]
cada semana	her hafta	[her hafta]
duas vezes por semana	haftada iki kez	[haftada iki kez]
cada terça-feira	her Salı	[her salı]

20. Horas. Dia e noite

manhã (f)	sabah	[sabah]
de manhã	sabahleyin	[sabahlejin]
meio-dia (m)	öğle, gün ortası	[øːle], [gyn ortası]
à tarde	öğleden sonra	[øːleden sonra]
noite (f)	akşam	[akʃam]
à noite (noitinha)	akşamleyin	[akʃamlejin]

noite (f)	gece	[gedʒe]
à noite	geceleyin	[gedʒelejin]
meia-noite (f)	gece yarısı	[gedʒe jarısı]
segundo (m)	saniye	[sanije]
minuto (m)	dakika	[dakika]
hora (f)	saat	[saat]
meia hora (f)	yarım saat	[jarım saat]
quarto (m) de hora	çeyrek saat	[tʃejrek saat]
quinze minutos	on beş dakika	[on beʃ dakika]
vinte e quatro horas	yirmi dört saat	[jirmi dørt saat]
nascer (m) do sol	güneşin doğuşu	[gyneʃin douʃu]
amanhecer (m)	şafak	[ʃafak]
madrugada (f)	sabah erken	[sabah erken]
pôr do sol (m)	güneş batışı	[gyneʃ batıʃı]
de madrugada	sabahın köründe	[sabahın kørynde]
hoje de manhã	bu sabah	[bu sabah]
amanhã de manhã	yarın sabah	[jarın sabah]
hoje à tarde	bu ikindi	[bu ikindi]
à tarde	öğleden sonra	[ø:leden sonra]
amanhã à tarde	yarın öğleden sonra	[jarın ø:leden sonra]
hoje à noite	bu akşam	[bu akʃam]
amanhã à noite	yarın akşam	[jarın akʃam]
às três horas em ponto	tam saat üçte	[tam saat ytʃte]
por volta das quatro	saat dört civarında	[saat dørt dʒivarında]
às doze	saat on ikiye doğru	[saat on ikije dooru]
dentro de vinte minutos	yirmi dakika içinde	[jirmi dakika itʃinde]
dentro duma hora	bir saat sonra	[bir saat sonra]
a tempo	zamanında	[zamanında]
menos um quarto	çeyrek kala	[tʃejrek kala]
durante uma hora	bir saat içinde	[bir saat itʃinde]
a cada quinze minutos	her on beş dakika	[her on beʃ dakika]
as vinte e quatro horas	gece gündüz	[gedʒe gyndyz]

21. Meses. Estações

janeiro (m)	ocak	[odʒak]
fevereiro (m)	şubat	[ʃubat]
março (m)	mart	[mart]
abril (m)	nisan	[nisan]
maio (m)	mayıs	[majıs]
junho (m)	haziran	[haziran]
julho (m)	temmuz	[temmuz]
agosto (m)	ağustos	[austos]
setembro (m)	eylül	[ejlyl]
outubro (m)	ekim	[ekim]

| novembro (m) | kasım | [kasım] |
| dezembro (m) | aralık | [aralık] |

primavera (f)	ilkbahar	[ilkbahar]
na primavera	ilkbaharda	[ilkbaharda]
primaveril	ilkbahar	[ilkbahar]

verão (m)	yaz	[jaz]
no verão	yazın	[jazın]
de verão	yaz	[jaz]

outono (m)	sonbahar	[sonbahar]
no outono	sonbaharda	[sonbaharda]
outonal	sonbahar	[sonbahar]

inverno (m)	kış	[kıʃ]
no inverno	kışın	[kıʃin]
de inverno	kış, kışlık	[kıʃ], [kıʃlık]

mês (m)	ay	[aj]
este mês	bu ay	[bu aj]
no próximo mês	gelecek ay	[geledʒek aj]
no mês passado	geçen ay	[getʃen aj]

há um mês	bir ay önce	[bir aj øndʒe]
dentro de um mês	bir ay sonra	[bir aj sonra]
dentro de dois meses	iki ay sonra	[iki aj sonra]
todo o mês	tüm ay	[tym aj]
um mês inteiro	bütün ay	[bytyn aj]

mensal	aylık	[ajlık]
mensalmente	her ay	[her aj]
cada mês	her ay	[her aj]
duas vezes por mês	ayda iki kez	[ajda iki kez]

ano (m)	yıl, sene	[jıl], [sene]
este ano	bu sene, bu yıl	[bu sene], [bu jıl]
no próximo ano	gelecek sene	[geledʒek sene]
no ano passado	geçen sene	[getʃen sene]

há um ano	bir yıl önce	[bir jıl øndʒe]
dentro dum ano	bir yıl sonra	[bir jıl sonra]
dentro de 2 anos	iki yıl sonra	[iki jıl sonra]
todo o ano	tüm yıl	[tym jıl]
um ano inteiro	bütün yıl	[bytyn jıl]

cada ano	her sene	[her sene]
anual	yıllık	[jıllık]
anualmente	her yıl	[her jıl]
quatro vezes por ano	yılda dört kere	[jılda dørt kere]

data (~ de hoje)	tarih	[tarih]
data (ex. ~ de nascimento)	tarih	[tarih]
calendário (m)	takvim	[takvim]
meio ano	yarım yıl	[jarım jıl]
seis meses	altı ay	[altı aj]

| estação (f) | mevsim | [mevsim] |
| século (m) | yüzyıl | [juzjıl] |

22. Unidades de medida

peso (m)	ağırlık	[aırlık]
comprimento (m)	uzunluk	[uzunluk]
largura (f)	en, genişlik	[en], [geniʃlik]
altura (f)	yükseklik	[jukseklik]
profundidade (f)	derinlik	[derinlik]
volume (m)	hacim	[hadʒim]
área (f)	alan	[alan]

grama (m)	gram	[gram]
miligrama (m)	miligram	[miligram]
quilograma (m)	kilogram	[kilogram]
tonelada (f)	ton	[ton]
libra (453,6 gramas)	libre	[libre]
onça (f)	ons	[ons]

metro (m)	metre	[metre]
milímetro (m)	milimetre	[milimetre]
centímetro (m)	santimetre	[santimetre]
quilómetro (m)	kilometre	[kilometre]
milha (f)	mil	[mil]

polegada (f)	inç	[intʃ]
pé (304,74 mm)	kadem	[kadem]
jarda (914,383 mm)	yarda	[jarda]

| metro (m) quadrado | metre kare | [metre kare] |
| hectare (m) | hektar | [hektar] |

litro (m)	litre	[litre]
grau (m)	derece	[deredʒe]
volt (m)	volt	[volt]
ampere (m)	amper	[amper]
cavalo-vapor (m)	beygir gücü	[bejgir gydʒy]

quantidade (f)	miktar	[miktar]
um pouco de ...	biraz ...	[biraz]
metade (f)	yarım	[jarım]

| dúzia (f) | düzine | [dyzine] |
| peça (f) | adet, tane | [adet], [tane] |

| dimensão (f) | boyut | [bojut] |
| escala (f) | ölçek | [øltʃek] |

mínimo	minimum	[minimum]
menor, mais pequeno	en küçük	[en kytʃuk]
médio	orta	[orta]
máximo	maksimum	[maksimum]
maior, mais grande	en büyük	[en byjuk]

23. Recipientes

bolão (m) de vidro	kavanoz	[kavanoz]
lata (~ de cerveja)	teneke	[teneke]
balde (m)	kova	[kova]
barril (m)	fıçı, varil	[fɪtʃɪ], [varil]

bacia (~ de plástico)	leğen	[leen]
tanque (m)	tank	[tank]
cantil (m) de bolso	matara	[matara]
bidão (m) de gasolina	benzin bidonu	[benzin bidonu]
cisterna (f)	sarnıç	[sarnɪtʃ]

caneca (f)	kupa	[kupa]
chávena (f)	fincan	[findʒan]
pires (m)	fincan tabağı	[findʒan tabaɪ]
copo (m)	bardak	[bardak]
taça (f) de vinho	kadeh	[kade]
panela, caçarola (f)	tencere	[tendʒere]

garrafa (f)	şişe	[ʃiʃe]
gargalo (m)	boğaz	[boaz]

jarro, garrafa (f)	sürahi	[syrahi]
jarro (m) de barro	testi	[testi]
recipiente (m)	kap	[kap]
pote (m)	çömlek	[tʃømlek]
vaso (m)	vazo	[vazo]

frasco (~ de perfume)	şişe	[ʃiʃe]
frasquinho (ex. ~ de iodo)	küçük şişe	[kytʃuk ʃiʃe]
tubo (~ de pasta dentífrica)	tüp	[typ]

saca (ex. ~ de açúcar)	poşet, torba	[poʃet], [torba]
saco (~ de plástico)	çuval	[tʃuval]
maço (m)	paket	[paket]

caixa (~ de sapatos, etc.)	kutu	[kutu]
caixa (~ de madeira)	sandık	[sandɪk]
cesta (f)	sepet	[sepet]

O SER HUMANO

O ser humano. O corpo

24. Cabeça

cabeça (f)	baş	[baʃ]
cara (f)	yüz	[juz]
nariz (m)	burun	[burun]
boca (f)	ağız	[aız]

olho (m)	göz	[gøz]
olhos (m pl)	gözler	[gøzler]
pupila (f)	göz bebeği	[gøz bebeı]
sobrancelha (f)	kaş	[kaʃ]
pestana (f)	kirpik	[kirpik]
pálpebra (f)	göz kapağı	[gøz kapaı]

língua (f)	dil	[dil]
dente (m)	diş	[diʃ]
lábios (m pl)	dudaklar	[dudaklar]
maçãs (f pl) do rosto	elmacık kemiği	[elmadʒık kemi:i]
gengiva (f)	dişeti	[diʃeti]
palato (m)	damak	[damak]

narinas (f pl)	burun deliği	[burun deli:i]
queixo (m)	çene	[tʃene]
mandíbula (f)	çene	[tʃene]
bochecha (f)	yanak	[janak]

testa (f)	alın	[alın]
têmpora (f)	şakak	[ʃakak]
orelha (f)	kulak	[kulak]
nuca (f)	ense	[ense]
pescoço (m)	boyun	[bojun]
garganta (f)	boğaz	[boaz]

cabelos (m pl)	saçlar	[satʃlar]
penteado (m)	saç	[satʃ]
corte (m) de cabelo	saç biçimi	[satʃ bitʃimi]
peruca (f)	peruk	[peryk]

bigode (m)	bıyık	[bıjık]
barba (f)	sakal	[sakal]
usar, ter (~ barba, etc.)	uzatmak, bırakmak	[uzatmak], [bırakmak]
trança (f)	saç örgüsü	[satʃ ørgysy]
suíças (f pl)	favori	[favori]
ruivo	kızıl saçlı	[kızıl satʃlı]
grisalho	kır	[kır]

| calvo | kel | [kel] |
| calva (f) | dazlak yer | [dazlak jer] |

| rabo-de-cavalo (m) | kuyruk | [kujruk] |
| franja (f) | kakül | [kakyl] |

25. Corpo humano

| mão (f) | el | [el] |
| braço (m) | kol | [kol] |

dedo (m)	parmak	[parmak]
dedo (m) do pé	ayak parmağı	[ajak parmaı]
polegar (m)	başparmak	[baʃ parmak]
dedo (m) mindinho	küçük parmak	[kytʃuk parmak]
unha (f)	tırnak	[tırnak]

punho (m)	yumruk	[jumruk]
palma (f) da mão	avuç	[avutʃ]
pulso (m)	bilek	[bilek]
antebraço (m)	önkol	[ønkol]
cotovelo (m)	dirsek	[dirsek]
ombro (m)	omuz	[omuz]

perna (f)	bacak	[badʒak]
pé (m)	ayak	[ajak]
joelho (m)	diz	[diz]
barriga (f) da perna	baldır	[baldır]
anca (f)	kalça	[kaltʃa]
calcanhar (m)	topuk	[topuk]

corpo (m)	vücut	[vydʒut]
barriga (f)	karın	[karın]
peito (m)	göğüs	[gøjus]
seio (m)	göğüs	[gøjus]
lado (m)	yan	[jan]
costas (f pl)	sırt	[sırt]
região (f) lombar	alt bel	[alt bel]
cintura (f)	bel	[bel]

umbigo (m)	göbek	[gøbek]
nádegas (f pl)	kaba et	[kaba et]
traseiro (m)	kıç	[kıtʃ]

sinal (m)	ben	[ben]
sinal (m) de nascença	doğum lekesi	[doum lekesi]
tatuagem (f)	dövme	[døvme]
cicatriz (f)	yara izi	[jara izi]

Vestuário & Acessórios

26. Roupa exterior. Casacos

roupa (f)	elbise, kıyafet	[elbise], [kıjafet]
roupa (f) exterior	üst kıyafet	[yst kıjafet]
roupa (f) de inverno	kışlık kıyafet	[kıʃlık kıjafet]
sobretudo (m)	palto	[palto]
casaco (m) de peles	kürk manto	[kyrk manto]
casaco curto (m) de peles	kürk ceket	[kyrk dʒeket]
casaco (m) acolchoado	ceket aşağı	[dʒeket aʃaı]
casaco, blusão (m)	ceket	[dʒeket]
impermeável (m)	trençkot	[trentʃkot]
impermeável	su geçirmez	[su getʃirmez]

27. Vestuário de homem & mulher

camisa (f)	gömlek	[gømlek]
calças (f pl)	pantolon	[pantolon]
calças (f pl) de ganga	kot pantolon	[kot pantolon]
casaco (m) de fato	ceket	[dʒeket]
fato (m)	takım elbise	[takım elbise]
vestido (ex. ~ vermelho)	elbise, kıyafet	[elbise], [kıjafet]
saia (f)	etek	[etek]
blusa (f)	gömlek, bluz	[gømlek], [bluz]
casaco (m) de malha	hırka	[hırka]
casaco, blazer (m)	ceket	[dʒeket]
T-shirt, camiseta (f)	tişört	[tiʃørt]
calções (Bermudas, etc.)	şort	[ʃort]
fato (m) de treino	eşofman	[eʃofman]
roupão (m) de banho	bornoz	[bornoz]
pijama (m)	pijama	[piʒama]
suéter (m)	süveter	[syveter]
pulôver (m)	pulover	[pulover]
colete (m)	yelek	[jelek]
fraque (m)	frak	[frak]
smoking (m)	smokin	[smokin]
uniforme (m)	üniforma	[yniforma]
roupa (f) de trabalho	iş elbisesi	[iʃ elbisesi]
fato-macaco (m)	tulum	[tulum]
bata (~ branca, etc.)	önlük	[ønlyk]

28. Vestuário. Roupa interior

roupa (f) interior	iç çamaşırı	[itʃ tʃamaʃırı]
cuecas boxer (f pl)	şort külot	[ʃort kylot]
cuecas (f pl)	bayan külot	[bajan kylot]
camisola (f) interior	atlet	[atlet]
peúgas (f pl)	kısa çorap	[kısa tʃorap]
camisa (f) de noite	gecelik	[gedʒelik]
sutiã (m)	sutyen	[sutjen]
meias longas (f pl)	diz hizası çorap	[diz hizası tʃorap]
meia-calça (f)	külotlu çorap	[kyløtly tʃorap]
meias (f pl)	çorap	[tʃorap]
fato (m) de banho	mayo	[majo]

29. Adereços de cabeça

chapéu (m)	şapka	[ʃapka]
chapéu (m) de feltro	fötr şapka	[føtr ʃapka]
boné (m) de beisebol	beyzbol şapkası	[bejzbol ʃapkası]
boné (m)	kasket	[kasket]
boina (f)	bere	[bere]
capuz (m)	kapüşon	[kapyʃon]
panamá (m)	panama	[panama]
gorro (m) de malha	örgü şapka	[ørgy ʃapka]
lenço (m)	başörtüsü	[baʃ ørtysy]
chapéu (m) de mulher	kadın şapkası	[kadın ʃapkası]
capacete (m) de proteção	baret, kask	[baret], [kask]
bibico (m)	kayık kep	[kajık kep]
capacete (m)	kask	[kask]
chapéu-coco (m)	melon şapka	[melon ʃapka]
chapéu (m) alto	silindir şapka	[silindir ʃapka]

30. Calçado

calçado (m)	ayakkabı	[ajakkabı]
botinas (f pl)	potinler	[potinler]
sapatos (de salto alto, etc.)	ayakkabılar	[ajakkabılar]
botas (f pl)	çizmeler	[tʃizmeler]
pantufas (f pl)	terlik	[terlik]
ténis (m pl)	tenis ayakkabısı	[tenis ajakkabısı]
sapatilhas (f pl)	spor ayakkabısı	[spor ajakkabısı]
sandálias (f pl)	sandalet	[sandalet]
sapateiro (m)	ayakkabıcı	[ajakkabıdʒı]
salto (m)	topuk	[topuk]

par (m)	bir çift ayakkabı	[bir tʃift ajakkabı]
atacador (m)	bağ	[baa]
apertar os atacadores	bağlamak	[baalamak]
calçadeira (f)	kaşık	[kaʃık]
graxa (f) para calçado	ayakkabı boyası	[ajakkabı bojası]

31. Acessórios pessoais

luvas (f pl)	eldiven	[eldiven]
mitenes (f pl)	tek parmaklı eldiven	[tek parmaklı eldiven]
cachecol (m)	atkı	[atkı]
óculos (m pl)	gözlük	[gøzlyk]
armação (f) de óculos	çerçeve	[tʃertʃeve]
guarda-chuva (m)	şemsiye	[ʃemsije]
bengala (f)	baston	[baston]
escova (f) para o cabelo	saç fırçası	[satʃ firtʃası]
leque (m)	yelpaze	[jelpaze]
gravata (f)	kravat	[kravat]
gravata-borboleta (f)	papyon	[papjon]
suspensórios (m pl)	pantolon askısı	[pantolon askısı]
lenço (m)	mendil	[mendil]
pente (m)	tarak	[tarak]
travessão (m)	toka	[toka]
gancho (m) de cabelo	firkete	[firkete]
fivela (f)	kemer tokası	[kemer tokası]
cinto (m)	kemer	[kemer]
correia (f)	kayış	[kajıʃ]
mala (f)	çanta	[tʃanta]
mala (f) de senhora	bayan çantası	[bajan tʃantası]
mochila (f)	arka çantası	[arka tʃantası]

32. Vestuário. Diversos

moda (f)	moda	[moda]
na moda	modaya uygun	[modaja ujgun]
estilista (m)	modelci	[modeldʒi]
colarinho (m), gola (f)	yaka	[jaka]
bolso (m)	cep	[dʒep]
de bolso	cep	[dʒep]
manga (f)	kol	[kol]
alcinha (f)	askı	[askı]
braguilha (f)	pantolon fermuarı	[pantolon fermuarı]
fecho (m) de correr	fermuar	[fermuar]
fecho (m), colchete (m)	kopça	[koptʃa]
botão (m)	düğme	[dyjme]

casa (f) de botão	düğme iliği	[dyjme ili:i]
soltar-se (vr)	kopmak	[kopmak]
coser, costurar (vi)	dikmek	[dikmek]
bordar (vt)	nakış işlemek	[nakıʃ iʃlemek]
bordado (m)	nakış	[nakıʃ]
agulha (f)	iğne	[i:ine]
fio (m)	iplik	[iplik]
costura (f)	dikiş	[dikiʃ]
sujar-se (vr)	kirlenmek	[kirlenmek]
mancha (f)	leke	[leke]
engelhar-se (vr)	buruşmak	[buruʃmak]
rasgar (vt)	yırtmak	[jırtmak]
traça (f)	güve	[gyve]

33. Cuidados pessoais. Cosméticos

pasta (f) de dentes	diş macunu	[diʃ madʒunu]
escova (f) de dentes	diş fırçası	[diʃ fırtʃası]
escovar os dentes	dişlerini fırçalamak	[diʃlerini fırtʃalamak]
máquina (f) de barbear	jilet	[ʒilet]
creme (m) de barbear	tıraş kremi	[tıraʃ kremi]
barbear-se (vr)	tıraş olmak	[tıraʃ olmak]
sabonete (m)	sabun	[sabun]
champô (m)	şampuan	[ʃampuan]
tesoura (f)	makas	[makas]
lima (f) de unhas	tırnak törpüsü	[tırnak tørpysy]
corta-unhas (m)	tırnak makası	[tırnak makası]
pinça (f)	cımbız	[dʒımbız]
cosméticos (m pl)	kozmetik	[kozmetik]
máscara (f) facial	yüz maskesi	[juz maskesi]
manicura (f)	manikür	[manikyr]
fazer a manicura	manikür yapmak	[manikyr japmak]
pedicure (f)	pedikür	[pedikyr]
mala (f) de maquilhagem	makyaj çantası	[makjaʒ tʃantası]
pó (m)	pudra	[pudra]
caixa (f) de pó	pudralık	[pudralık]
blush (m)	allık	[allık]
perfume (m)	parfüm	[parfym]
água (f) de toilette	parfüm suyu	[parfym suju]
loção (f)	losyon	[losjon]
água-de-colónia (f)	kolonya	[kolonja]
sombra (f) de olhos	far	[far]
lápis (m) delineador	göz kalemi	[gøz kalemi]
máscara (f), rímel (m)	rimel	[rimel]
batom (m)	ruj	[ruʒ]

verniz (m) de unhas | oje | [oʒe]
laca (f) para cabelos | saç spreyi | [satʃ spreji]
desodorizante (m) | deodorant | [deodorant]

creme (m) | krem | [krem]
creme (m) de rosto | yüz kremi | [juz kremi]
creme (m) de mãos | el kremi | [el kremi]
creme (m) antirrugas | kırışıklık giderici krem | [kırıʃıklık gideridʒi krem]
creme (m) de dia | gündüz kremi | [gyndyz krem]
creme (m) de noite | gece kremi | [gedʒe kremi]
de dia | gündüz | [gyndyz]
da noite | gece | [gedʒe]

tampão (m) | tampon | [tampon]
papel (m) higiénico | tuvalet kağıdı | [tuvalet kaıdı]
secador (m) elétrico | saç kurutma makinesi | [satʃ kurutma makinesi]

34. Relógios de pulso. Relógios

relógio (m) de pulso | el saati | [el saati]
mostrador (m) | kadran | [kadran]
ponteiro (m) | akrep, yelkovan | [akrep], [jelkovan]
bracelete (f) em aço | metal kordon | [metal kordon]
bracelete (f) em couro | kayış | [kajıʃ]

pilha (f) | pil | [pil]
descarregar-se | bitmek | [bitmek]
trocar a pilha | pil değiştirmek | [pil deiʃtirmek]
estar adiantado | ileri gitmek | [ileri gitmek]
estar atrasado | geride kalmak | [geride kalmak]

relógio (m) de parede | duvar saati | [duvar saati]
ampulheta (f) | kum saati | [kum saati]
relógio (m) de sol | güneş saati | [gyneʃ saati]
despertador (m) | çalar saat | [tʃalar saat]
relojoeiro (m) | saatçi | [saatʃi]
reparar (vt) | tamir etmek | [tamir etmek]

Alimentação. Nutrição

35. Comida

carne (f)	et	[et]
galinha (f)	tavuk eti	[tavuk eti]
frango (m)	civciv	[dʒiv dʒiv]
pato (m)	ördek	[ørdek]
ganso (m)	kaz	[kaz]
caça (f)	av hayvanları	[av hajvanları]
peru (m)	hindi	[hindi]
carne (f) de porco	domuz eti	[domuz eti]
carne (f) de vitela	dana eti	[dana eti]
carne (f) de carneiro	koyun eti	[kojun eti]
carne (f) de vaca	sığır eti	[sıːır eti]
carne (f) de coelho	tavşan eti	[tavʃan eti]
chouriço, salsichão (m)	sucuk, sosis	[sudʒuk], [sosis]
salsicha (f)	sosis	[sosis]
bacon (m)	domuz pastırması	[domuz pastırması]
fiambre (f)	jambon	[ʒambon]
presunto (m)	tütsülenmiş jambon	[tytsylenmiʃ ʒambon]
patê (m)	ezme	[ezme]
fígado (m)	karaciğer	[karadʒier]
carne (f) moída	kıyma	[kıjma]
língua (f)	dil	[dil]
ovo (m)	yumurta	[jumurta]
ovos (m pl)	yumurtalar	[jumurtalar]
clara (f) do ovo	yumurta akı	[jumurta akı]
gema (f) do ovo	yumurta sarısı	[jumurta sarısı]
peixe (m)	balık	[balık]
mariscos (m pl)	deniz ürünleri	[deniz yrynleri]
caviar (m)	havyar	[havjar]
caranguejo (m)	yengeç	[jengetʃ]
camarão (m)	karides	[karides]
ostra (f)	istiridye	[istiridje]
lagosta (f)	langust	[langust]
polvo (m)	ahtapot	[ahtapot]
lula (f)	kalamar	[kalamar]
esturjão (m)	mersin balığı	[mersin balıːı]
salmão (m)	som balığı	[som balıːı]
halibute (m)	pisi balığı	[pisi balıːı]
bacalhau (m)	morina balığı	[morina balıːı]
cavala, sarda (f)	uskumru	[uskumru]

atum (m)	ton balığı	[ton balı:ı]
enguia (f)	yılan balığı	[jılan balı:ı]
truta (f)	alabalık	[alabalık]
sardinha (f)	sardalye	[sardalje]
lúcio (m)	turna balığı	[turna balı:ı]
arenque (m)	ringa	[ringa]
pão (m)	ekmek	[ekmek]
queijo (m)	peynir	[pejnir]
açúcar (m)	şeker	[ʃeker]
sal (m)	tuz	[tuz]
arroz (m)	pirinç	[pirintʃ]
massas (f pl)	makarna	[makarna]
talharim (m)	erişte	[eriʃte]
manteiga (f)	tereyağı	[terejaı]
óleo (m) vegetal	bitkisel yağ	[bitkisel jaa]
óleo (m) de girassol	ayçiçeği yağı	[ajtʃitʃeı jaı]
margarina (f)	margarin	[margarin]
azeitonas (f pl)	zeytin	[zejtin]
azeite (m)	zeytin yağı	[zejtin jaı]
leite (m)	süt	[syt]
leite (m) condensado	yoğunlaştırılmış süt	[jounlaʃtırılmıʃ syt]
iogurte (m)	yoğurt	[jourt]
nata (f) azeda	ekşi krema	[ekʃi krema]
nata (f) do leite	süt kaymağı	[syt kajmaı]
maionese (f)	mayonez	[majonez]
creme (m)	krema	[krema]
grãos (m pl) de cereais	tane	[tane]
farinha (f)	un	[un]
enlatados (m pl)	konserve	[konserve]
flocos (m pl) de milho	mısır gevreği	[mısır gevrei]
mel (m)	bal	[bal]
doce (m)	reçel, marmelat	[retʃel], [marmelat]
pastilha (f) elástica	sakız, çiklet	[sakız], [tʃiklet]

36. Bebidas

água (f)	su	[su]
água (f) potável	içme suyu	[itʃme suju]
água (f) mineral	maden suyu	[maden suju]
sem gás	gazsız	[gazsız]
gaseificada	gazlı	[gazlı]
com gás	maden	[maden]
gelo (m)	buz	[buz]
com gelo	buzlu	[buzlu]

sem álcool	alkolsüz	[alkolsyz]
bebida (f) sem álcool	alkolsüz içki	[alkolsyz itʃki]
refresco (m)	soğuk meşrubat	[souk meʃrubat]
limonada (f)	limonata	[limonata]
bebidas (f pl) alcoólicas	alkollü içkiler	[alkolly itʃkiler]
vinho (m)	şarap	[ʃarap]
vinho (m) branco	beyaz şarap	[bejaz ʃarap]
vinho (m) tinto	kırmızı şarap	[kırmızı ʃarap]
licor (m)	likör	[likør]
champanhe (m)	şampanya	[ʃampanja]
vermute (m)	vermut	[vermut]
uísque (m)	viski	[viski]
vodka (f)	votka	[votka]
gim (m)	cin	[dʒin]
conhaque (m)	konyak	[konjak]
rum (m)	rom	[rom]
café (m)	kahve	[kahve]
café (m) puro	siyah kahve	[sijah kahve]
café (m) com leite	sütlü kahve	[sytly kahve]
cappuccino (m)	kaymaklı kahve	[kajmaklı kahve]
café (m) solúvel	hazır kahve	[hazır kahve]
leite (m)	süt	[syt]
coquetel (m)	kokteyl	[koktejl]
batido (m) de leite	sütlü kokteyl	[sytly koktejl]
sumo (m)	meyve suyu	[mejve suju]
sumo (m) de tomate	domates suyu	[domates suju]
sumo (m) de laranja	portakal suyu	[portakal suju]
sumo (m) fresco	taze meyve suyu	[taze mejve suju]
cerveja (f)	bira	[bira]
cerveja (f) clara	hafif bira	[hafif bira]
cerveja (f) preta	siyah bira	[sijah bira]
chá (m)	çay	[tʃaj]
chá (m) preto	siyah çay	[sijah tʃaj]
chá (m) verde	yeşil çay	[jeʃil tʃaj]

37. Vegetais

legumes (m pl)	sebze	[sebze]
verduras (f pl)	yeşillik	[jeʃilik]
tomate (m)	domates	[domates]
pepino (m)	salatalık	[salatalık]
cenoura (f)	havuç	[havutʃ]
batata (f)	patates	[patates]
cebola (f)	soğan	[soan]
alho (m)	sarımsak	[sarımsak]

couve (f)	lahana	[lahana]
couve-flor (f)	karnabahar	[karnabahar]
couve-de-bruxelas (f)	Brüksel lâhanası	[bryksel lahanası]
brócolos (m pl)	brokoli	[brokoli]
beterraba (f)	pancar	[pandʒar]
beringela (f)	patlıcan	[patlıdʒan]
curgete (f)	sakız kabağı	[sakız kabaı]
abóbora (f)	kabak	[kabak]
nabo (m)	şalgam	[ʃalgam]
salsa (f)	maydanoz	[majdanoz]
funcho, endro (m)	dereotu	[dereotu]
alface (f)	yeşil salata	[jeʃil salata]
aipo (m)	kereviz	[kereviz]
espargo (m)	kuşkonmaz	[kuʃkonmaz]
espinafre (m)	ıspanak	[ıspanak]
ervilha (f)	bezelye	[bezelje]
fava (f)	bakla	[bakla]
milho (m)	mısır	[mısır]
feijão (m)	fasulye	[fasulje]
pimentão (m)	dolma biber	[dolma biber]
rabanete (m)	turp	[turp]
alcachofra (f)	enginar	[enginar]

38. Frutos. Nozes

fruta (f)	meyve	[mejve]
maçã (f)	elma	[elma]
pera (f)	armut	[armut]
limão (m)	limon	[limon]
laranja (f)	portakal	[portakal]
morango (m)	çilek	[tʃilek]
tangerina (f)	mandalina	[mandalina]
ameixa (f)	erik	[erik]
pêssego (m)	şeftali	[ʃeftali]
damasco (m)	kayısı	[kajısı]
framboesa (f)	ahududu	[ahududu]
ananás (m)	ananas	[ananas]
banana (f)	muz	[muz]
melancia (f)	karpuz	[karpuz]
uva (f)	üzüm	[yzym]
ginja (f)	vişne	[viʃne]
cereja (f)	kiraz	[kiraz]
meloa (f)	kavun	[kavun]
toranja (f)	greypfrut	[grejpfrut]
abacate (m)	avokado	[avokado]
papaia (f)	papaya	[papaja]
manga (f)	mango	[mango]

romã (f)	nar	[nar]
groselha (f) vermelha	kırmızı frenk üzümü	[kırmızı frenk yzymy]
groselha (f) preta	siyah frenk üzümü	[sijah frenk yzymy]
groselha (f) espinhosa	bektaşı üzümü	[bektaʃı yzymy]
mirtilo (m)	yaban mersini	[jaban mersini]
amora silvestre (f)	böğürtlen	[bøjurtlen]

uvas (f pl) passas	kuru üzüm	[kuru yzym]
figo (m)	incir	[indʒir]
tâmara (f)	hurma	[hurma]

amendoim (m)	yerfıstığı	[jerfıstı:ı]
amêndoa (f)	badem	[badem]
noz (f)	ceviz	[dʒeviz]
avelã (f)	fındık	[fındık]
coco (m)	Hindistan cevizi	[hindistan dʒevizi]
pistáchios (m pl)	çam fıstığı	[tʃam fıstı:ı]

39. Pão. Bolaria

pastelaria (f)	şekerleme	[ʃekerleme]
pão (m)	ekmek	[ekmek]
bolacha (f)	bisküvi	[biskyvi]

chocolate (m)	çikolata	[tʃikolata]
de chocolate	çikolatalı	[tʃikolatalı]
rebuçado (m)	şeker	[ʃeker]
bolo (cupcake, etc.)	ufak kek	[ufak kek]
bolo (m) de aniversário	kek, pasta	[kek], [pasta]

tarte (~ de maçã)	börek	[børek]
recheio (m)	iç	[itʃ]

doce (m)	reçel	[retʃel]
geleia (f) de frutas	marmelat	[marmelat]
waffle (m)	gofret	[gofret]
gelado (m)	dondurma	[dondurma]

40. Pratos cozinhados

prato (m)	yemek	[jemek]
cozinha (~ portuguesa)	mutfak	[mutfak]
receita (f)	yemek tarifi	[jemek tarifi]
porção (f)	porsiyon	[porsijon]

salada (f)	salata	[salata]
sopa (f)	çorba	[tʃorba]

caldo (m)	et suyu	[et suju]
sandes (f)	sandviç	[sandvitʃ]
ovos (m pl) estrelados	sahanda yumurta	[sahanda jumurta]
hambúrguer (m)	hamburger	[hamburger]

bife (m)	biftek	[biftek]
conduto (m)	garnitür	[garnityr]
espaguete (m)	spagetti	[spagetti]
puré (m) de batata	patates püresi	[patates pyresi]
pizza (f)	pizza	[pizza]
papa (f)	lâpa	[lapa]
omelete (f)	omlet	[omlet]
cozido em água	pişmiş	[piʃmiʃ]
fumado	tütsülenmiş, füme	[tytsylenmiʃ], [fyme]
frito	kızartılmış	[kızartılmıʃ]
seco	kuru	[kuru]
congelado	dondurulmuş	[dondurulmuʃ]
em conserva	turşu	[turʃu]
doce (açucarado)	tatlı	[tatlı]
salgado	tuzlu	[tuzlu]
frio	soğuk	[souk]
quente	sıcak	[sıdʒak]
amargo	acı	[adʒı]
gostoso	tatlı, lezzetli	[tatlı], [lezzetli]
cozinhar (em água a ferver)	kaynatmak	[kajnatmak]
fazer, preparar (vt)	pişirmek	[piʃirmek]
fritar (vt)	kızartmak	[kızartmak]
aquecer (vt)	ısıtmak	[ısıtmak]
salgar (vt)	tuzlamak	[tuzlamak]
apimentar (vt)	biberlemek	[biberlemek]
ralar (vt)	rendelemek	[rendelemek]
casca (f)	kabuk	[kabuk]
descascar (vt)	soymak	[sojmak]

41. Especiarias

sal (m)	tuz	[tuz]
salgado	tuzlu	[tuzlu]
salgar (vt)	tuzlamak	[tuzlamak]
pimenta (f) preta	siyah biber	[sijah biber]
pimenta (f) vermelha	kırmızı biber	[kırmızı biber]
mostarda (f)	hardal	[hardal]
raiz-forte (f)	bayırturpu	[bajırturpu]
condimento (m)	çeşni	[tʃeʃni]
especiaria (f)	baharat	[baharat]
molho (m)	salça, sos	[saltʃa], [sos]
vinagre (m)	sirke	[sirke]
anis (m)	anason	[anason]
manjericão (m)	fesleğen	[fesleen]
cravo (m)	karanfil	[karanfil]
gengibre (m)	zencefil	[zendʒefil]
coentro (m)	kişniş	[kiʃniʃ]

canela (f)	tarçın	[tartʃın]
sésamo (m)	susam	[susam]
folhas (f pl) de louro	defne yaprağı	[defne japraı]
páprica (f)	kırmızı biber	[kırmızı biber]
cominho (m)	çörek otu	[tʃørek otu]
açafrão (m)	safran	[safran]

42. Refeições

comida (f)	yemek	[jemek]
comer (vt)	yemek	[jemek]
pequeno-almoço (m)	kahvaltı	[kahvaltı]
tomar o pequeno-almoço	kahvaltı yapmak	[kahvaltı japmak]
almoço (m)	öğle yemeği	[ø:le jemei]
almoçar (vi)	öğle yemeği yemek	[ø:le jemei jemek]
jantar (m)	akşam yemeği	[akʃam jemei]
jantar (vi)	akşam yemeği yemek	[akʃam jemei jemek]
apetite (m)	iştah	[iʃtah]
Bom apetite!	Afiyet olsun!	[afijet olsun]
abrir (~ uma lata, etc.)	açmak	[atʃmak]
derramar (vt)	dökmek	[døkmek]
derramar-se (vr)	dökülmek	[døkylmek]
ferver (vi)	kaynamak	[kajnamak]
ferver (vt)	kaynatmak	[kajnatmak]
fervido	kaynamış	[kajnamıʃ]
arrefecer (vt)	serinletmek	[serinletmek]
arrefecer-se (vr)	serinleşmek	[serinleʃmek]
sabor, gosto (m)	tat	[tat]
gostinho (m)	ağızda kalan tat	[aızda kalan tat]
fazer dieta	zayıflamak	[zajıflamak]
dieta (f)	rejim, diyet	[reʒim], [dijet]
vitamina (f)	vitamin	[vitamin]
caloria (f)	kalori	[kalori]
vegetariano (m)	vejetaryen kimse	[vedʒetarien kimse]
vegetariano	vejetaryen	[vedʒetarien]
gorduras (f pl)	yağlar	[jaalar]
proteínas (f pl)	proteinler	[proteinler]
carboidratos (m pl)	karbonhidratlar	[karbonhidratlar]
fatia (~ de limão, etc.)	dilim	[dilim]
pedaço (~ de bolo)	parça	[partʃa]
migalha (f)	kırıntı	[kırıntı]

43. Por a mesa

colher (f)	kaşık	[kaʃık]
faca (f)	bıçak	[bıtʃak]

garfo (m)	çatal	[tʃatal]
chávena (f)	fincan	[findʒan]
prato (m)	tabak	[tabak]
pires (m)	fincan tabağı	[findʒan tabaı]
guardanapo (m)	peçete	[petʃete]
palito (m)	kürdan	[kyrdan]

44. Restaurante

restaurante (m)	restoran	[restoran]
café (m)	kahvehane	[kahvehane]
bar (m), cervejaria (f)	bar	[bar]
salão (m) de chá	çay salonu	[tʃaj salonu]
empregado (m) de mesa	garson	[garson]
empregada (f) de mesa	kadın garson	[kadın garson]
barman (m)	barmen	[barmen]
ementa (f)	menü	[meny]
lista (f) de vinhos	şarap listesi	[ʃarap listesi]
reservar uma mesa	masa ayırtmak	[masa ajırtmak]
prato (m)	yemek	[jemek]
pedir (vt)	sipariş etmek	[sipariʃ etmek]
fazer o pedido	sipariş vermek	[sipariʃ vermek]
aperitivo (m)	aperatif	[aperatif]
entrada (f)	çerez	[tʃerez]
sobremesa (f)	tatlı	[tatlı]
conta (f)	hesap	[hesap]
pagar a conta	hesabı ödemek	[hesabı ødemek]
dar o troco	para üstü vermek	[para justy vermek]
gorjeta (f)	bahşiş	[bahʃiʃ]

Família, parentes e amigos

45. Informação pessoal. Formulários

nome (m)	ad, isim	[ad], [isim]
apelido (m)	soyadı	[sojadı]
data (f) de nascimento	doğum tarihi	[doum tarihi]
local (m) de nascimento	doğum yeri	[doum jeri]
nacionalidade (f)	milliyet	[millijet]
lugar (m) de residência	ikamet yeri	[ikamet jeri]
país (m)	ülke	[ylke]
profissão (f)	meslek	[meslek]
sexo (m)	cinsiyet	[dʒinsijet]
estatura (f)	boy	[boj]
peso (m)	ağırlık	[aırlık]

46. Membros da família. Parentes

mãe (f)	anne	[anne]
pai (m)	baba	[baba]
filho (m)	oğul	[øːul]
filha (f)	kız	[kız]
filha (f) mais nova	küçük kız	[kytʃuk kız]
filho (m) mais novo	küçük oğul	[kytʃuk oul]
filha (f) mais velha	büyük kız	[byjuk kız]
filho (m) mais velho	büyük oğul	[byjuk oul]
irmão (m)	kardeş	[kardeʃ]
irmão (m) mais velho	ağabey, büyük kardeş	[aabej], [byjuk kardeʃ]
irmão (m) mais novo	küçük kardeş	[kytʃuk kardeʃ]
irmã (f)	kardeş, bacı	[kardeʃ], [badʒı]
irmã (f) mais velha	abla, büyük bacı	[abla], [byjuk badʒı]
irmã (f) mais nova	kız kardeş	[kız kardeʃ]
primo (m)	erkek kuzen	[erkek kuzen]
prima (f)	kız kuzen	[kız kuzen]
mamã (f)	anne	[anne]
papá (m)	baba	[baba]
pais (pl)	ana baba	[ana baba]
criança (f)	çocuk	[tʃodʒuk]
crianças (f pl)	çocuklar	[tʃodʒuklar]
avó (f)	büyük anne	[byjuk anne]
avô (m)	büyük baba	[byjuk baba]
neto (m)	erkek torun	[erkek torun]

neta (f)	kız torun	[kız torun]
netos (pl)	torunlar	[torunlar]
tio (m)	amca, dayı	[amdʒa], [dajı]
tia (f)	teyze, hala	[tejze], [hala]
sobrinho (m)	erkek yeğen	[erkek jeen]
sobrinha (f)	kız yeğen	[kız jeen]
sogra (f)	kaynana	[kajnana]
sogro (m)	kaynata	[kajnata]
genro (m)	güvey	[gyvej]
madrasta (f)	üvey anne	[yvej anne]
padrasto (m)	üvey baba	[yvej baba]
criança (f) de colo	süt çocuğu	[syt tʃodʒuu]
bebé (m)	bebek	[bebek]
menino (m)	erkek çocuk	[erkek tʃodʒuk]
mulher (f)	hanım, eş	[hanım], [eʃ]
marido (m)	eş, koca	[eʃ], [kodʒa]
esposo (m)	koca	[kodʒa]
esposa (f)	karı	[karı]
casado	evli	[evli]
casada	evli	[evli]
solteiro	bekâr	[bekjar]
solteirão (m)	bekâr	[bekjar]
divorciado	boşanmış	[boʃanmıʃ]
viúva (f)	dul kadın	[dul kadın]
viúvo (m)	dul erkek	[dul erkek]
parente (m)	akraba	[akraba]
parente (m) próximo	yakın akraba	[jakın akraba]
parente (m) distante	uzak akraba	[uzak akraba]
parentes (m pl)	akrabalar	[akrabalar]
órfão (m), órfã (f)	yetim	[jetim]
tutor (m)	vasi	[vasi]
adotar (um filho)	evlatlık almak	[evlatlık almak]
adotar (uma filha)	evlatlık almak	[evlatlık almak]

Medicina

47. Doenças

doença (f)	hastalık	[hastalık]
estar doente	hasta olmak	[hasta olmak]
saúde (f)	sağlık	[saalık]
nariz (m) a escorrer	nezle	[nezle]
amigdalite (f)	anjin	[anʒin]
constipação (f)	soğuk algınlığı	[souk algınlı:ı]
constipar-se (vr)	soğuk almak	[souk almak]
bronquite (f)	bronşit	[bronʃit]
pneumonia (f)	zatürree	[zatyrree]
gripe (f)	grip	[grip]
míope	miyop	[mijop]
presbita	hipermetrop	[hipermetrop]
estrabismo (m)	şaşılık	[ʃaʃılık]
estrábico	şaşı	[ʃaʃı]
catarata (f)	katarakt	[katarakt]
glaucoma (m)	glokoma	[glokoma]
AVC (m), apoplexia (f)	felç	[feltʃ]
ataque (m) cardíaco	enfarktüs	[enfarktys]
enfarte (m) do miocárdio	kalp krizi	[kalp krizi]
paralisia (f)	felç	[feltʃ]
paralisar (vt)	felç olmak	[feltʃ olmak]
alergia (f)	alerji	[alerʒi]
asma (f)	astım	[astım]
diabetes (f)	diyabet	[diabet]
dor (f) de dentes	diş ağrısı	[diʃ aarısı]
cárie (f)	diş çürümesi	[diʃ tʃurymesi]
diarreia (f)	ishal	[ishal]
prisão (f) de ventre	kabız	[kabız]
desarranjo (m) intestinal	mide bozukluğu	[mide bozukluu]
intoxicação (f) alimentar	zehirlenme	[zehirlenme]
intoxicar-se	zehirlenmek	[zehirlenmek]
artrite (f)	artrit, arterit	[artrit]
raquitismo (m)	raşitizm	[raʃitizm]
reumatismo (m)	romatizma	[romatizma]
arteriosclerose (f)	damar sertliği	[damar sertli:i]
gastrite (f)	gastrit	[gastrit]
apendicite (f)	apandisit	[apandisit]

colecistite (f)	kolesistit	[kolesistit]
úlcera (f)	ülser	[ylser]
sarampo (m)	kızamık	[kızamık]
rubéola (f)	kızamıkçık	[kızamıktʃik]
sarılık	sarılık	[sarılık]
hepatite (f)	hepatit	[hepatit]
esquizofrenia (f)	şizofreni	[ʃizofreni]
raiva (f)	kuduz hastalığı	[kuduz hastalı:ı]
neurose (f)	nevroz	[nevroz]
comoção (f) cerebral	beyin kanaması	[bejin kanaması]
cancro (m)	kanser	[kanser]
esclerose (f)	skleroz	[skleroz]
esclerose (f) múltipla	multipl skleroz	[multipl skleroz]
alcoolismo (m)	alkoliklik	[alkoliklik]
alcoólico (m)	alkolik	[alkolik]
sífilis (f)	frengi	[frengi]
SIDA (f)	AİDS	[eids]
tumor (m)	tümör, ur	[tymør], [jur]
maligno	kötü huylu	[køty hujlu]
benigno	iyi huylu	[iji hujlu]
febre (f)	sıtma	[sıtma]
malária (f)	malarya	[malarja]
gangrena (f)	kangren	[kangren]
enjoo (m)	deniz tutması	[deniz tutması]
epilepsia (f)	epilepsi	[epilepsi]
epidemia (f)	salgın	[salgın]
tifo (m)	tifüs	[tifys]
tuberculose (f)	verem	[verem]
cólera (f)	kolera	[kolera]
peste (f)	veba	[veba]

48. Sintomas. Tratamentos. Parte 1

sintoma (m)	belirti	[belirti]
temperatura (f)	ateş	[ateʃ]
febre (f)	yüksek ateş	[juksek ateʃ]
pulso (m)	nabız	[nabız]
vertigem (f)	baş dönmesi	[baʃ dønmesi]
quente (testa, etc.)	ateşli	[ateʃli]
calafrio (m)	üşüme	[yʃyme]
pálido	solgun	[solgun]
tosse (f)	öksürük	[øksyryk]
tossir (vi)	öksürmek	[øksyrmek]
espirrar (vi)	hapşırmak	[hapʃırmak]
desmaio (m)	baygınlık	[bajgınlık]

desmaiar (vi)	bayılmak	[bajılmak]
nódoa (f) negra	çürük	[tʃuryk]
galo (m)	şişlik	[ʃiʃlik]
magoar-se (vr)	çarpmak	[tʃarpmak]
pisadura (f)	yara	[jara]
aleijar-se (vr)	yaralamak	[jaralamak]

coxear (vi)	topallamak	[topallamak]
deslocação (f)	çıkık	[tʃıkık]
deslocar (vt)	çıkmak	[tʃıkmak]
fratura (f)	kırık, fraktür	[kırık], [fraktyr]
fraturar (vt)	kırılmak	[kırılmak]

corte (m)	kesik	[kesik]
cortar-se (vr)	bir yerini kesmek	[bir jerini kesmek]
hemorragia (f)	kanama	[kanama]

| queimadura (f) | yanık | [janık] |
| queimar-se (vr) | yanmak | [janmak] |

picar (vt)	batırmak	[batırmak]
picar-se (vr)	batırmak	[batırmak]
lesionar (vt)	yaralamak	[jaralamak]
lesão (m)	yara, zarar	[jara], [zarar]
ferida (f), ferimento (m)	yara	[jara]
trauma (m)	sarsıntı	[sarsıntı]

delirar (vi)	sayıklamak	[sajıklamak]
gaguejar (vi)	kekelemek	[kekelemek]
insolação (f)	güneş çarpması	[gyneʃ tʃarpması]

49. Sintomas. Tratamentos. Parte 2

| dor (f) | acı | [adʒı] |
| farpa (no dedo) | kıymık | [kıjmık] |

suor (m)	ter	[ter]
suar (vi)	terlemek	[terlemek]
vómito (m)	kusma	[kusma]
convulsões (f pl)	kramp	[kramp]

grávida	hamile	[hamile]
nascer (vi)	doğmak	[doomak]
parto (m)	doğum	[doum]
dar à luz	doğurmak	[dourmak]
aborto (m)	çocuk düşürme	[tʃodʒuk dyʃyrme]

respiração (f)	respirasyon	[respirasjon]
inspiração (f)	soluk alma	[soluk alma]
expiração (f)	soluk verme	[soluk verme]
expirar (vi)	soluk vermek	[soluk vermek]
inspirar (vi)	bir soluk almak	[bir soluk almak]
inválido (m)	malul	[malyl]
aleijado (m)	sakat	[sakat]

toxicodependente (m)	uyuşturucu bağımlısı	[ujuʃturudʒu baımlısı]
surdo	sağır	[saır]
mudo	dilsiz	[dilsiz]
surdo-mudo	sağır ve dilsiz	[saır ve dilsiz]
louco (adj.)	deli	[deli]
louco (m)	deli adam	[deli adam]
louca (f)	deli kadın	[deli kadın]
ficar louco	çıldırmak	[tʃıldırmak]
gene (m)	gen	[gen]
imunidade (f)	bağışıklık	[baıʃıklık]
hereditário	irsi, kalıtsal	[irsi], [kalıtsal]
congénito	doğuştan	[douʃtan]
vírus (m)	virüs	[virys]
micróbio (m)	mikrop	[mikrop]
bactéria (f)	bakteri	[bakteri]
infeção (f)	enfeksiyon	[enfeksijon]

50. Sintomas. Tratamentos. Parte 3

hospital (m)	hastane	[hastane]
paciente (m)	hasta	[hasta]
diagnóstico (m)	teşhis	[teʃhis]
cura (f)	çare	[tʃare]
tratamento (m) médico	tedavi	[tedavi]
curar-se (vr)	tedavi görmek	[tedavi gørmek]
tratar (vt)	tedavi etmek	[tedavi etmek]
cuidar (pessoa)	hastaya bakmak	[hastaja bakmak]
cuidados (m pl)	hasta bakımı	[hasta bakımı]
operação (f)	ameliyat	[amelijat]
enfaixar (vt)	pansuman yapmak	[pansuman japmak]
enfaixamento (m)	pansuman	[pansuman]
vacinação (f)	aşılama	[aʃılama]
vacinar (vt)	aşı yapmak	[aʃı japmak]
injeção (f)	iğne	[i:ine]
dar uma injeção	iğne yapmak	[i:ine japmak]
ataque (~ de asma, etc.)	atak	[atak]
amputação (f)	ampütasyon	[ampytasjon]
amputar (vt)	ameliyatla almak	[amelijatla almak]
coma (f)	koma	[koma]
estar em coma	komada olmak	[komada olmak]
reanimação (f)	yoğun bakım	[joun bakım]
recuperar-se (vr)	iyileşmek	[ijileʃmek]
estado (~ de saúde)	durum	[durum]
consciência (f)	bilinç	[bilintʃ]
memória (f)	hafıza	[hafıza]
tirar (vt)	çekmek	[tʃekmek]

T&P Books. Vocabulário Português-Turco - 5000 palavras

| chumbo (m), obturação (f) | dolgu | [dolgu] |
| chumbar, obturar (vt) | dolgu yapmak | [dolgu japmak] |

| hipnose (f) | hipnoz | [hipnoz] |
| hipnotizar (vt) | hipnotize etmek | [hipnotize etmek] |

51. Médicos

médico (m)	doktor	[doktor]
enfermeira (f)	hemşire	[hemʃire]
médico (m) pessoal	özel doktor	[øzel doktor]

dentista (m)	dişçi	[diʃtʃi]
oculista (m)	göz doktoru	[gøz doktoru]
terapeuta (m)	pratisyen doktor	[pratisjen doktor]
cirurgião (m)	cerrah	[dʒerrah]

psiquiatra (m)	psikiyatr	[psikijatr]
pediatra (m)	çocuk doktoru	[tʃodʒuk doktoru]
psicólogo (m)	psikolog	[psikolog]
ginecologista (m)	kadın doktoru	[kadın doktoru]
cardiologista (m)	kardiyoloji uzmanı	[kardioloʒi uzmanı]

52. Medicina. Drogas. Acessórios

medicamento (m)	ilaç	[ilatʃ]
remédio (m)	deva	[deva]
receitar (vt)	yazmak	[jazmak]
receita (f)	reçete	[retʃete]

comprimido (m)	hap	[hap]
pomada (f)	merhem	[merhem]
ampola (f)	ampul	[ampul]
preparado (m)	solüsyon	[solysjon]
xarope (m)	şurup	[ʃurup]
cápsula (f)	kapsül	[kapsyl]
remédio (m) em pó	toz	[toz]

ligadura (f)	bandaj	[bandaʒ]
algodão (m)	pamuk	[pamuk]
iodo (m)	iyot	[ijot]

penso (m) rápido	yara bandı	[jara bandı]
conta-gotas (m)	damlalık	[damlalık]
termómetro (m)	derece	[deredʒe]
seringa (f)	şırınga	[ʃiringa]

| cadeira (f) de rodas | tekerlekli sandalye | [tekerlekli sandalje] |
| muletas (f pl) | koltuk değneği | [koltuk deenei] |

| analgésico (m) | anestetik | [anestetik] |
| laxante (m) | müshil | [myshil] |

álcool (m) etílico	**ispirto**	[ispirto]
ervas (f pl) medicinais	**şifalı bitkiler**	[ʃifalı bitkiler]
de ervas (chá ~)	**bitkisel**	[bitkisel]

HABITAT HUMANO

Cidade

53. Cidade. Vida na cidade

cidade (f)	kent, şehir	[kent], [ʃehir]
capital (f)	başkent	[baʃkent]
aldeia (f)	köy	[køj]
mapa (m) da cidade	şehir planı	[ʃehir planı]
centro (m) da cidade	şehir merkezi	[ʃehir merkezi]
subúrbio (m)	varoş	[varoʃ]
suburbano	banliyö	[banljø]
periferia (f)	şehir kenarı	[ʃehir kenarı]
arredores (m pl)	çevre	[ʧevre]
quarteirão (m)	mahalle	[mahale]
quarteirão (m) residencial	yerleşim bölgesi	[jerleʃim bølgesi]
tráfego (m)	trafik	[trafik]
semáforo (m)	trafik ışıkları	[trafik ıʃıkları]
transporte (m) público	toplu taşıma	[toplu taʃıma]
cruzamento (m)	kavşak	[kavʃak]
passadeira (f)	yaya geçidi	[jaja getʃidi]
passagem (f) subterrânea	yeraltı geçidi	[jeraltı getʃidi]
cruzar, atravessar (vt)	geçmek	[getʃmek]
peão (m)	yaya	[jaja]
passeio (m)	yaya kaldırımı	[jaja kaldırımı]
ponte (f)	köprü	[køpry]
margem (f) do rio	rıhtım	[rıhtım]
fonte (f)	çeşme	[ʧeʃme]
alameda (f)	park yolu	[park jolu]
parque (m)	park	[park]
bulevar (m)	bulvar	[bulvar]
praça (f)	meydan	[mejdan]
avenida (f)	geniş cadde	[geniʃ dʒadde]
rua (f)	sokak, cadde	[sokak], [dʒadde]
travessa (f)	ara sokak	[ara sokak]
beco (m) sem saída	çıkmaz sokak	[ʧıkmaz sokak]
casa (f)	ev	[ev]
edifício, prédio (m)	bina	[bina]
arranha-céus (m)	gökdelen	[gøkdelen]
fachada (f)	cephe	[dʒephe]
telhado (m)	çatı	[ʧatı]

janela (f)	pencere	[pendʒere]
arco (m)	kemer	[kemer]
coluna (f)	sütün	[sytyn]
esquina (f)	köşe	[køʃe]

montra (f)	vitrin	[vitrin]
letreiro (m)	levha	[levha]
cartaz (m)	afiş	[afiʃ]
cartaz (m) publicitário	reklam panosu	[reklam panosu]
painel (m) publicitário	reklam panosu	[reklam panosu]

lixo (m)	çöp	[tʃøp]
cesta (f) do lixo	çöp tenekesi	[tʃøp tenekesi]
jogar lixo na rua	çöp atmak	[tʃøp atmak]
aterro (m) sanitário	çöplük	[tʃøplyk]

cabine (f) telefónica	telefon kulübesi	[telefon kylybesi]
candeeiro (m) de rua	fener direği	[fener direi]
banco (m)	bank	[bank]

polícia (m)	erkek polis	[erkek polis]
polícia (instituição)	polis	[polis]
mendigo (m)	dilenci	[dilendʒi]
sem-abrigo (m)	evsiz	[evsiz]

54. Instituições urbanas

loja (f)	mağaza	[maaza]
farmácia (f)	eczane	[edʒzane]
ótica (f)	optik	[optik]
centro (m) comercial	alışveriş merkezi	[alıʃveriʃ merkezi]
supermercado (m)	süpermarket	[sypermarket]

padaria (f)	ekmekçi dükkânı	[ekmektʃi dykkanı]
padeiro (m)	fırıncı	[fırındʒı]
pastelaria (f)	pastane	[pastane]
mercearia (f)	bakkaliye	[bakkalije]
talho (m)	kasap dükkânı	[kasap dykkanı]

loja (f) de legumes	manav	[manav]
mercado (m)	çarşı	[tʃarʃı]

café (m)	kahvehane	[kahvehane]
restaurante (m)	restoran	[restoran]
bar (m), cervejaria (f)	birahane	[birahane]
pizzaria (f)	pizzacı	[pizadʒı]

salão (m) de cabeleireiro	kuaför salonu	[kuafør salonu]
correios (m pl)	postane	[postane]
lavandaria (f)	kuru temizleme	[kuru temizleme]
estúdio (m) fotográfico	fotoğraf stüdyosu	[fotoraf stydjosu]

sapataria (f)	ayakkabı mağazası	[ajakkabı maazası]
livraria (f)	kitabevi	[kitabevi]

loja (f) de artigos de desporto	spor mağazası	[spor maazası]
reparação (f) de roupa	elbise tamiri	[elbise tamiri]
aluguer (m) de roupa	giysi kiralama	[gijsı kiralama]
aluguer (m) de filmes	film kiralama	[film kiralama]
circo (m)	sirk	[sirk]
jardim (m) zoológico	hayvanat bahçesi	[hajvanat bahtʃesi]
cinema (m)	sinema	[sinema]
museu (m)	müze	[myze]
biblioteca (f)	kütüphane	[kytyphane]
teatro (m)	tiyatro	[tijatro]
ópera (f)	opera	[opera]
clube (m) noturno	gece kulübü	[gedʒe kulyby]
casino (m)	kazino	[kazino]
mesquita (f)	cami	[dʒami]
sinagoga (f)	sinagog	[sinagog]
catedral (f)	katedral	[katedral]
templo (m)	ibadethane	[ibadethane]
igreja (f)	kilise	[kilise]
instituto (m)	enstitü	[enstity]
universidade (f)	üniversite	[yniversite]
escola (f)	okul	[okul]
prefeitura (f)	belediye	[beledije]
câmara (f) municipal	belediye	[beledije]
hotel (m)	otel	[otel]
banco (m)	banka	[banka]
embaixada (f)	elçilik	[eltʃilik]
agência (f) de viagens	seyahat acentesi	[sejahat adʒentesi]
agência (f) de informações	danışma bürosu	[danıʃma byrosu]
casa (f) de câmbio	döviz bürosu	[døviz byrosu]
metro (m)	metro	[metro]
hospital (m)	hastane	[hastane]
posto (m) de gasolina	benzin istasyonu	[benzin istasjonu]
parque (m) de estacionamento	park yeri	[park jeri]

55. Sinais

letreiro (m)	levha	[levha]
inscrição (f)	yazı	[jazı]
cartaz, póster (m)	poster, afiş	[poster], [afiʃ]
sinal (m) informativo	işaret	[iʃaret]
seta (f)	ok	[ok]
aviso (advertência)	ikaz, uyarı	[ikaz], [ujarı]
sinal (m) de aviso	uyarı	[ujarı]
avisar, advertir (vt)	uyarmak	[ujarmak]
dia (m) de folga	tatil günü	[tatil gyny]

horário (m)	tarife	[tarife]
horário (m) de funcionamento	çalışma saatleri	[tʃalıʃma saatleri]
BEM-VINDOS!	HOŞ GELDİNİZ	[hoʃ geldiniz]
ENTRADA	GİRİŞ	[giriʃ]
SAÍDA	ÇIKIŞ	[tʃıkıʃ]
EMPURRE	İTİNİZ	[itiniz]
PUXE	ÇEKİNİZ	[tʃekiniz]
ABERTO	AÇIK	[atʃık]
FECHADO	KAPALI	[kapalı]
MULHER	BAYAN	[bajan]
HOMEM	BAY	[baj]
DESCONTOS	İNDİRİM	[indirim]
SALDOS	UCUZLUK	[udʒuzluk]
NOVIDADE!	YENİ	[jeni]
GRÁTIS	BEDAVA	[bedava]
ATENÇÃO!	DİKKAT!	[dikkat]
NÃO HÁ VAGAS	BOŞ YER YOK	[boʃ jer jok]
RESERVADO	REZERVE	[rezerve]
ADMINISTRAÇÃO	MÜDÜR	[mydyr]
SOMENTE PESSOAL AUTORIZADO	PERSONEL HARİCİ GİREMEZ	[personel haridʒi giremez]
CUIDADO CÃO FEROZ	DİKKAT KÖPEK VAR	[dikkat køpek var]
PROIBIDO FUMAR!	SİGARA İÇİLMEZ	[sigara itʃilmez]
NÃO TOCAR	DOKUNMAK YASAKTIR	[dokunmak jasaktır]
PERIGOSO	TEHLİKELİ	[tehlikeli]
PERIGO	TEHLİKE	[tehlike]
ALTA TENSÃO	YÜKSEK GERİLİM	[juksek gerilim]
PROIBIDO NADAR	SUYA GİRMEK YASAKTIR	[suja girmek jasaktır]
AVARIADO	HİZMET DIŞI	[hizmet dıʃı]
INFLAMÁVEL	YANICI MADDE	[janidʒi madde]
PROIBIDO	YASAKTIR	[jasaktır]
ENTRADA PROIBIDA	GİRMEK YASAKTIR	[girmek jasaktır]
CUIDADO TINTA FRESCA	DİKKAT ISLAK BOYA	[dikkat ıslak boja]

56. Transportes urbanos

autocarro (m)	otobüs	[otobys]
elétrico (m)	tramvay	[tramvaj]
troleicarro (m)	troleybüs	[trolejbys]
itinerário (m)	rota	[rota]
número (m)	numara	[numara]
ir de ... (carro, etc.)	... gitmek	[gitmek]
entrar (~ no autocarro)	... binmek	[binmek]
descer de ...	... inmek	[inmek]

paragem (f)	durak	[durak]
próxima paragem (f)	sonraki durak	[sonraki durak]
ponto (m) final	son durak	[son durak]
horário (m)	tarife	[tarife]
esperar (vt)	beklemek	[beklemek]
bilhete (m)	bilet	[bilet]
custo (m) do bilhete	bilet fiyatı	[bilet fijatı]
bilheteiro (m)	kasiyer	[kasijer]
controlo (m) dos bilhetes	bilet kontrolü	[bilet kontroly]
revisor (m)	kondüktör	[kondyktør]
atrasar-se (vr)	gecikmek	[gedʒikmek]
perder (o autocarro, etc.)	... kaçırmak	[katʃırmak]
estar com pressa	acele etmek	[adʒele etmek]
táxi (m)	taksi	[taksi]
taxista (m)	taksici	[taksidʒi]
de táxi (ir ~)	taksiyle	[taksijle]
praça (f) de táxis	taksi durağı	[taksi duraı]
chamar um táxi	taksi çağırmak	[taksi tʃaırmak]
apanhar um táxi	taksi tutmak	[taksi tutmak]
tráfego (m)	trafik	[trafik]
engarrafamento (m)	trafik sıkışıklığı	[trafik sıkıʃıklı:ı]
horas (f pl) de ponta	bitirim ikili	[bitirim ikili]
estacionar (vi)	park etmek	[park etmek]
estacionar (vt)	park etmek	[park etmek]
parque (m) de estacionamento	park yeri	[park jeri]
metro (m)	metro	[metro]
estação (f)	istasyon	[istasjon]
ir de metro	metroya binmek	[metroja binmek]
comboio (m)	tren	[tren]
estação (f)	istasyon	[istasjon]

57. Turismo

monumento (m)	anıt	[anıt]
fortaleza (f)	kale	[kale]
palácio (m)	saray	[saraj]
castelo (m)	şato	[ʃato]
torre (f)	kule	[kule]
mausoléu (m)	anıtkabir	[anıtkabir]
arquitetura (f)	mimarlık	[mimarlık]
medieval	ortaçağ	[ortatʃaa]
antigo	antik, eski	[antik], [eski]
nacional	milli	[milli]
conhecido	meşhur	[meʃhur]
turista (m)	turist	[turist]
guia (pessoa)	rehber	[rehber]

excursão (f)	gezi	[gezi]
mostrar (vt)	göstermek	[gøstermek]
contar (vt)	anlatmak	[anlatmak]

encontrar (vt)	bulmak	[bulmak]
perder-se (vr)	kaybolmak	[kajbolmak]
mapa (~ do metrô)	şema	[ʃema]
mapa (~ da cidade)	plan	[plan]

lembrança (f), presente (m)	hediye	[hedije]
loja (f) de presentes	hediyelik eşya mağazası	[hedijelik eʃja maazası]
fotografar (vt)	fotoğraf çekmek	[fotoraf tʃekmek]
fotografar-se	fotoğraf çektirmek	[fotoraf tʃektirmek]

58. Compras

comprar (vt)	satın almak	[satın almak]
compra (f)	satın alınan şey	[satın alınan ʃej]
fazer compras	alışverişe gitmek	[alıʃveriʃe gitmek]
compras (f pl)	alışveriş	[alıʃveriʃ]

estar aberta (loja, etc.)	çalışmak	[tʃalıʃmak]
estar fechada	kapanmak	[kapanmak]

calçado (m)	ayakkabı	[ajakkabı]
roupa (f)	elbise	[elbise]
cosméticos (m pl)	kozmetik	[kozmetik]
alimentos (m pl)	gıda ürünleri	[gıda jurynleri]
presente (m)	hediye	[hedije]

vendedor (m)	satıcı	[satıdʒı]
vendedora (f)	satıcı kadın	[satıdʒı kadın]

caixa (f)	kasa	[kasa]
espelho (m)	ayna	[ajna]
balcão (m)	tezgâh	[tezgjah]
cabine (f) de provas	deneme kabini	[deneme kabini]

provar (vt)	prova yapmak	[prova japmak]
servir (vi)	uymak	[ujmak]
gostar (apreciar)	hoşlanmak	[hoʃlanmak]

preço (m)	fiyat	[fijat]
etiqueta (f) de preço	fiyat etiketi	[fijat etiketleri]
custar (vt)	değerinde olmak	[deerinde olmak]
Quanto?	Kaç?	[katʃ]
desconto (m)	indirim	[indirim]

não caro	masrafsız	[masrafsıs]
barato	ucuz	[udʒuz]
caro	pahalı	[pahalı]
É caro	bu pahalıdır	[bu pahalıdır]
aluguer (m)	kira	[kira]
alugar (vestidos, etc.)	kiralamak	[kiralamak]

crédito (m)	kredi	[kredi]
a crédito	krediyle	[kredijle]

59. Dinheiro

dinheiro (m)	para	[para]
câmbio (m)	kambiyo	[kambijo]
taxa (f) de câmbio	kur	[kur]
Caixa Multibanco (m)	bankamatik	[bankamatik]
moeda (f)	para	[para]
dólar (m)	dolar	[dolar]
euro (m)	Euro	[juro]
lira (f)	liret	[liret]
marco (m)	Alman markı	[alman markı]
franco (m)	frank	[frank]
libra (f) esterlina	İngiliz sterlini	[ingiliz sterlini]
iene (m)	yen	[jen]
dívida (f)	borç	[bortʃ]
devedor (m)	borçlu	[bortʃlu]
emprestar (vt)	borç vermek	[bortʃ vermek]
pedir emprestado	borç almak	[bortʃ almak]
banco (m)	banka	[banka]
conta (f)	hesap	[hesap]
depositar na conta	para yatırmak	[para jatırmak]
levantar (vt)	hesaptan çekmek	[hesaptan tʃekmek]
cartão (m) de crédito	kredi kartı	[kredi kartı]
dinheiro (m) vivo	nakit para	[nakit para]
cheque (m)	çek	[tʃek]
passar um cheque	çek yazmak	[tʃek jazmak]
livro (m) de cheques	çek defteri	[tʃek defteri]
carteira (f)	cüzdan	[dʒyzdan]
porta-moedas (m)	para cüzdanı	[para dʒyzdanı]
cofre (m)	para kasası	[para kasası]
herdeiro (m)	mirasçı	[mirastʃı]
herança (f)	miras	[miras]
fortuna (riqueza)	varlık	[varlık]
arrendamento (m)	kira	[kira]
renda (f) de casa	ev kirası	[ev kirası]
alugar (vt)	kiralamak	[kiralamak]
preço (m)	fiyat	[fijat]
custo (m)	maliyet	[malijet]
soma (f)	toplam	[toplam]
gastar (vt)	harcamak	[hardʒamak]
gastos (m pl)	masraflar	[masraflar]

economizar (vi)	idareli kullanmak	[idareli kullanmak]
económico	tutumlu	[tutumlu]
pagar (vt)	ödemek	[ødemek]
pagamento (m)	ödeme	[ødeme]
troco (m)	para üstü	[para justy]
imposto (m)	vergi	[vergi]
multa (f)	ceza	[dʒeza]
multar (vt)	ceza kesmek	[dʒeza kesmek]

60. Correios. Serviço postal

correios (m pl)	postane	[postane]
correio (m)	posta	[posta]
carteiro (m)	postacı	[postadʒı]
horário (m)	çalışma saatleri	[tʃalıʃma saatleri]
carta (f)	mektup	[mektup]
carta (f) registada	taahhütlü mektup	[ta:hhytly mektup]
postal (m)	kart	[kart]
telegrama (m)	telgraf	[telgraf]
encomenda (f) postal	koli	[koli]
remessa (f) de dinheiro	para havalesi	[para havalesi]
receber (vt)	almak	[almak]
enviar (vt)	göndermek	[gøndermek]
envio (m)	gönderme	[gønderme]
endereço (m)	adres	[adres]
código (m) postal	endeks, indeks	[endeks], [indeks]
remetente (m)	gönderen	[gønderen]
destinatário (m)	alıcı	[alıdʒı]
nome (m)	ad, isim	[ad], [isim]
apelido (m)	soyadı	[sojadı]
tarifa (f)	tarife	[tarife]
ordinário	normal	[normal]
económico	ekonomik	[ekonomik]
peso (m)	ağırlık	[aırlık]
pesar (estabelecer o peso)	tartmak	[tartmak]
envelope (m)	zarf	[zarf]
selo (m)	pul	[pul]

Moradia. Casa. Lar

61. Casa. Eletricidade

eletricidade (f)	elektrik	[elektrik]
lâmpada (f)	ampul	[ampul]
interruptor (m)	elektrik düğmesi	[elektrik dyjmesi]
fusível (m)	sigorta	[sigorta]
fio, cabo (m)	tel	[tel]
instalação (f) elétrica	elektrik hatları	[elektrik hatları]
contador (m) de eletricidade	elektrik sayacı	[elektrik sajadʒı]
indicação (f), registo (m)	gösterge değeri	[gøsterge deeri]

62. Moradia. Mansão

casa (f) de campo	kır evi	[kır evi]
vila (f)	villâ	[villa]
ala (~ do edifício)	kanat	[kanat]
jardim (m)	bahçe	[bahtʃe]
parque (m)	park	[park]
estufa (f)	limonluk	[limonlyk]
cuidar de ...	bakmak	[bakmak]
piscina (f)	havuz	[havuz]
ginásio (m)	spor salonu	[spor salonu]
campo (m) de ténis	tenis kortu	[tenis kortu]
cinema (m)	ev sinema salonu	[ev sinema salonu]
garagem (f)	garaj	[garaʒ]
propriedade (f) privada	özel mülkiyet	[øzel mylkijet]
terreno (m) privado	özel arsa	[øzel arsa]
advertência (f)	ikaz	[ikaz]
sinal (m) de aviso	ikaz yazısı	[ikaz jazısı]
guarda (f)	güvenlik	[gyvenlik]
guarda (m)	güvenlik görevlisi	[gyvenlik gørevlisı]
alarme (m)	hırsız alarmı	[hırsız alarmı]

63. Apartamento

apartamento (m)	daire	[daire]
quarto (m)	oda	[oda]
quarto (m) de dormir	yatak odası	[jatak odası]

sala (f) de jantar	yemek odası	[jemek odası]
sala (f) de estar	misafir odası	[misafir odası]
escritório (m)	çalışma odası	[tʃalıʃma odası]

antessala (f)	antre	[antre]
quarto (m) de banho	banyo odası	[banjo odası]
toilette (lavabo)	tuvalet	[tuvalet]

teto (m)	tavan	[tavan]
chão, soalho (m)	taban, yer	[taban], [jer]
canto (m)	köşesi	[køʃesi]

64. Mobiliário. Interior

mobiliário (m)	mobilya	[mobilja]
mesa (f)	masa	[masa]
cadeira (f)	sandalye	[sandalje]
cama (f)	yatak	[jatak]

| divã (m) | kanape | [kanape] |
| cadeirão (m) | koltuk | [koltuk] |

| estante (f) | kitaplık | [kitaplık] |
| prateleira (f) | kitap rafı | [kitap rafı] |

guarda-vestidos (m)	elbise dolabı	[elbise dolabı]
cabide (m) de parede	duvar askısı	[duvar askısı]
cabide (m) de pé	portmanto	[portmanto]

| cómoda (f) | komot | [komot] |
| mesinha (f) de centro | sehpa | [sehpa] |

espelho (m)	ayna	[ajna]
tapete (m)	halı	[halı]
tapete (m) pequeno	kilim	[kilim]

lareira (f)	şömine	[ʃømine]
vela (f)	mum	[mum]
castiçal (m)	mumluk	[mumluk]

cortinas (f pl)	perdeler	[perdler]
papel (m) de parede	duvar kağıdı	[duvar kaıdı]
estores (f pl)	jaluzi	[ʒalyzi]

| candeeiro (m) de mesa | masa lambası | [masa lambası] |
| candeeiro (m) de parede | lamba | [lamba] |

| candeeiro (m) de pé | ayaklı lamba | [ajaklı lamba] |
| lustre (m) | avize | [avize] |

pé (de mesa, etc.)	ayak	[ajak]
braço (m)	kol	[kol]
costas (f pl)	arkalık	[arkalık]
gaveta (f)	çekmece	[tʃekmedʒe]

65. Quarto de dormir

roupa (f) de cama	çamaşır	[tʃamaʃır]
almofada (f)	yastık	[jastık]
fronha (f)	yastık kılıfı	[jastık kılıfı]
cobertor (m)	battaniye	[battanije]
lençol (m)	çarşaf	[tʃarʃaf]
colcha (f)	örtü	[ørty]

66. Cozinha

cozinha (f)	mutfak	[mutfak]
gás (m)	gaz	[gaz]
fogão (m) a gás	gaz sobası	[gaz sobası]
fogão (m) elétrico	elektrik ocağı	[elektrik odʒaı]
forno (m)	fırın	[fırın]
forno (m) de micro-ondas	mikrodalga fırın	[mikrodalga fırın]
frigorífico (m)	buzdolabı	[buzdolabı]
congelador (m)	derin dondurucu	[derin dondurudʒu]
máquina (f) de lavar louça	bulaşık makinesi	[bulaʃık makinesi]
moedor (m) de carne	kıyma makinesi	[kıjma makinesi]
espremedor (m)	meyve sıkacağı	[mejve sıkadʒaı]
torradeira (f)	tost makinesi	[tost makinesi]
batedeira (f)	mikser	[mikser]
máquina (f) de café	kahve makinesi	[kahve makinesi]
cafeteira (f)	cezve	[dʒezve]
moinho (m) de café	kahve değirmeni	[kahve deirmeni]
chaleira (f)	çaydanlık	[tʃajdanlık]
bule (m)	demlik	[demlik]
tampa (f)	kapak	[kapak]
coador (m) de chá	süzgeci	[syzgedʒi]
colher (f)	kaşık	[kaʃık]
colher (f) de chá	çay kaşığı	[tʃaj kaʃı:ı]
colher (f) de sopa	yemek kaşığı	[jemek kaʃı:ı]
garfo (m)	çatal	[tʃatal]
faca (f)	bıçak	[bıtʃak]
louça (f)	mutfak gereçleri	[mutfak geretʃleri]
prato (m)	tabak	[tabak]
pires (m)	fincan tabağı	[findʒan tabaı]
cálice (m)	kadeh	[kade]
copo (m)	bardak	[bardak]
chávena (f)	fincan	[findʒan]
açucareiro (m)	şekerlik	[ʃekerlik]
saleiro (m)	tuzluk	[tuzluk]
pimenteiro (m)	biberlik	[biberlik]

manteigueira (f)	tereyağı tabağı	[terejaı tabaı]
panela, caçarola (f)	tencere	[tendʒere]
frigideira (f)	tava	[tava]
concha (f)	kepçe	[keptʃe]
passador (m)	süzgeç	[syzgetʃ]
bandeja (f)	tepsi	[tepsi]

garrafa (f)	şişe	[ʃiʃe]
boião (m) de vidro	kavanoz	[kavanoz]
lata (f)	teneke	[teneke]

abre-garrafas (m)	şişe açacağı	[ʃiʃe atʃadʒaı]
abre-latas (m)	konserve açacağı	[konserve atʃadʒaı]
saca-rolhas (m)	tirbuşon	[tirbyʃon]
filtro (m)	filtre	[filtre]
filtrar (vt)	filtre etmek	[filtre etmek]

| lixo (m) | çöp | [tʃøp] |
| balde (m) do lixo | çöp kovası | [tʃøp kovası] |

67. Casa de banho

quarto (m) de banho	banyo odası	[banjo odası]
água (f)	su	[su]
torneira (f)	musluk	[musluk]
água (f) quente	sıcak su	[sıdʒak su]
água (f) fria	soğuk su	[souk su]

pasta (f) de dentes	diş macunu	[diʃ madʒunu]
escovar os dentes	dişlerini fırçalamak	[diʃlerini fırtʃalamak]
escova (f) de dentes	diş fırçası	[diʃ fırtʃası]

barbear-se (vr)	tıraş olmak	[tıraʃ olmak]
espuma (f) de barbear	tıraş köpüğü	[tıraʃ køpyy]
máquina (f) de barbear	jilet	[ʒilet]

lavar (vt)	yıkamak	[jıkamak]
lavar-se (vr)	yıkanmak	[jıkanmak]
duche (m)	duş	[duʃ]
tomar um duche	duş almak	[duʃ almak]

banheira (f)	banyo	[banjo]
sanita (f)	klozet	[klozet]
lavatório (m)	küvet	[kyvet]

| sabonete (m) | sabun | [sabun] |
| saboneteira (f) | sabunluk | [sabunluk] |

esponja (f)	sünger	[synger]
champô (m)	şampuan	[ʃampuan]
toalha (f)	havlu	[havlu]
roupão (m) de banho	bornoz	[bornoz]
lavagem (f)	çamaşır yıkama	[tʃamaʃır jıkama]
máquina (f) de lavar	çamaşır makinesi	[tʃamaʃır makinesi]

| lavar a roupa | çamaşırları yıkamak | [tʃamaʃırları jıkamak] |
| detergente (m) | çamaşır deterjanı | [tʃamaʃir deterʒanı] |

68. Eletrodomésticos

televisor (m)	televizyon	[televizjon]
gravador (m)	teyp	[tejp]
videogravador (m)	video	[video]
rádio (m)	radyo	[radjo]
leitor (m)	çalar	[tʃalar]

projetor (m)	projeksiyon makinesi	[proʒeksion makinesi]
cinema (m) em casa	ev sinema	[evj sinema]
leitor (m) de DVD	DVD oynatıcı	[dividi ojnatıdʒı]
amplificador (m)	amplifikatör	[amplifikatør]
console (f) de jogos	oyun konsolu	[ojun konsolu]

câmara (f) de vídeo	video kamera	[videokamera]
máquina (f) fotográfica	fotoğraf makinesi	[fotoraf makinesi]
câmara (f) digital	dijital fotoğraf makinesi	[diʒital fotoraf makinesi]

aspirador (m)	elektrik süpürgesi	[elektrik sypyrgesi]
ferro (m) de engomar	ütü	[yty]
tábua (f) de engomar	ütü masası	[yty masası]

telefone (m)	telefon	[telefon]
telemóvel (m)	cep telefonu	[dʒep telefonu]
máquina (f) de escrever	daktilo	[daktilo]
máquina (f) de costura	dikiş makinesi	[dikiʃ makinesi]

microfone (m)	mikrofon	[mikrofon]
auscultadores (m pl)	kulaklık	[kulaklık]
controlo remoto (m)	uzaktan kumanda	[uzaktan kumanda]

CD (m)	CD	[sidi]
cassete (f)	teyp kaseti	[tejp kaseti]
disco (m) de vinil	vinil plak	[vinil plak]

ATIVIDADES HUMANAS

Emprego. Negócios. Parte 1

69. Escritório. O trabalho no escritório

escritório (~ de advogados)	ofis	[ofis]
escritório (do diretor, etc.)	ofis, büro	[ofis], [byro]
receção (f)	resepsiyon	[resepsijon]
secretário (m)	sekreter	[sekreter]
diretor (m)	müdür	[mydyr]
gerente (m)	menejer	[menedʒer]
contabilista (m)	muhasebeci	[muhasebedʒi]
empregado (m)	eleman, görevli	[eleman], [gørevli]
mobiliário (m)	mobilya	[mobilja]
mesa (f)	masa	[masa]
cadeira (f)	koltuk	[koltuk]
bloco (m) de gavetas	keson	[keson]
cabide (m) de pé	portmanto	[portmanto]
computador (m)	bilgisayar	[bilgisajar]
impressora (f)	yazıcı	[jazıdʒı]
fax (m)	faks	[faks]
fotocopiadora (f)	fotokopi makinesi	[fotokopi makinesi]
papel (m)	kağıt	[kaıt]
artigos (m pl) de escritório	kırtasiye	[kırtasije]
tapete (m) de rato	fare altlığı	[fare altlı:ı]
folha (f) de papel	kağıt	[kaıt]
pasta (f)	dosya	[dosja]
catálogo (m)	katalog	[katalog]
diretório (f) telefónico	kılavuz	[kılavuz]
documentação (f)	belgeler	[belgeler]
brochura (f)	broşür	[broʃyr]
flyer (m)	beyanname	[bejanname]
amostra (f)	numune	[numune]
formação (f)	eğitim toplantısı	[eitim toplantısı]
reunião (f)	toplantı	[toplantı]
hora (f) de almoço	öğle paydosu	[ø:le pajdosu]
fazer uma cópia	kopya yapmak	[kopja japmak]
tirar cópias	çoğaltmak	[tʃoaltmak]
receber um fax	faks almak	[faks almak]
enviar um fax	faks çekmek	[faks tʃekmek]
fazer uma chamada	telefonla aramak	[telefonla aramak]

| responder (vt) | cevap vermek | [ʤevap vermek] |
| passar (vt) | bağlamak | [baalamak] |

marcar (vt)	ayarlamak	[ajarlamak]
demonstrar (vt)	göstermek	[gøstermek]
estar ausente	bulunmamak	[bulunmamak]
ausência (f)	bulunmama	[bulunmama]

70. Processos negociais. Parte 1

negócio (m)	işletme	[iʃletme]
ocupação (f)	meslek, iş	[meslek], [iʃ]
firma, empresa (f)	firma	[firma]
companhia (f)	şirket	[ʃirket]
corporação (f)	kurum, kuruluş	[kurum], [kuruluʃ]
empresa (f)	şirket, girişim	[ʃirket], [giriʃim]
agência (f)	acente, ajans	[aʤente], [aʒans]

acordo (documento)	anlaşma	[anlaʃma]
contrato (m)	kontrat	[kontrat]
acordo (transação)	anlaşma	[anlaʃma]
encomenda (f)	sipariş	[sipariʃ]
cláusulas (f pl), termos (m pl)	şart	[ʃart]

por grosso (adv)	toptan	[toptan]
por grosso (adj)	toptan olarak	[toptan olarak]
venda (f) por grosso	toptan satış	[toptan satıʃ]
a retalho	perakende	[perakende]
venda (f) a retalho	perakende satış	[perakende satıʃ]

concorrente (m)	rakip	[rakip]
concorrência (f)	rekabet	[rekabet]
competir (vi)	rekabet etmek	[rekabet etmek]

| sócio (m) | ortak | [ortak] |
| parceria (f) | ortaklık | [ortaklık] |

crise (f)	kriz	[kriz]
bancarrota (f)	iflâs	[iflas]
entrar em falência	iflâs etmek	[iflas etmek]
dificuldade (f)	zorluk	[zorluk]
problema (m)	problem	[problem]
catástrofe (f)	felâket	[felaket]

economia (f)	ekonomi	[ekonomi]
económico	ekonomik	[ekonomik]
recessão (f) económica	ekonomik gerileme	[ekonomik gerileme]

| objetivo (m) | amaç | [amatʃ] |
| tarefa (f) | görev | [gørev] |

comerciar (vi, vt)	ticaret yapmak	[tiʤaret japmak]
rede (de distribuição)	zinciri	[zinʤiri]
estoque (m)	stok	[stok]

sortimento (m)	çeşitlilik	[tʃeʃitlilik]
líder (m)	lider	[lider]
grande (~ empresa)	iri	[iri]
monopólio (m)	tekel	[tekel]

teoria (f)	teori	[teori]
prática (f)	pratik	[pratik]
experiência (falar por ~)	tecrübe	[tedʒrybe]
tendência (f)	eğilim	[eilim]
desenvolvimento (m)	gelişme	[geliʃme]

71. Processos negociais. Parte 2

| rentabilidade (f) | kâr | [kjar] |
| rentável | kârlı | [kjarlı] |

delegação (f)	delegasyon	[delegasjon]
salário, ordenado (m)	maaş	[maaʃ]
corrigir (um erro)	düzeltmek	[dyzeltmek]
viagem (f) de negócios	iş gezisi	[iʃ gezisi]
comissão (f)	komisyon	[komisjon]

controlar (vt)	kontrol etmek	[kontrol etmek]
conferência (f)	konferans	[konferans]
licença (f)	lisans	[lisans]
confiável	güvenilir	[gyvenilir]

empreendimento (m)	girişim	[girʃim]
norma (f)	norm	[norm]
circunstância (f)	olay, durum	[olaj], [durum]
dever (m)	görev	[gørev]

empresa (f)	şirket	[ʃirket]
organização (f)	organize etme	[organize etme]
organizado	organize edilmiş	[organize edilmiʃ]
anulação (f)	iptal	[iptal]
anular, cancelar (vt)	iptal etmek	[iptal etmek]
relatório (m)	rapor	[rapor]

patente (f)	patent	[patent]
patentear (vt)	patentini almak	[patentini almak]
planear (vt)	planlamak	[planlamak]

prémio (m)	prim	[prim]
profissional	profesyonel	[profesjonel]
procedimento (m)	prosedür	[prosedyr]

examinar (a questão)	gözden geçirmek	[gøzden getʃirmek]
cálculo (m)	hesap	[hesap]
reputação (f)	ün, nam	[yn], [nam]
risco (m)	risk	[risk]

| dirigir (~ uma empresa) | yönetmek | [jønetmek] |
| informação (f) | bilgi | [bilgi] |

| propriedade (f) | mülkiyet | [mylkijet] |
| união (f) | birlik | [birlik] |

seguro (m) de vida	hayat sigortası	[hajat sigortası]
fazer um seguro	sigorta ettirmek	[sigorta ettirmek]
seguro (m)	sigorta	[sigorta]

leilão (m)	açık artırma	[atʃık artırma]
notificar (vt)	bildirmek	[bildirmek]
gestão (f)	yönetim	[jønetim]
serviço (indústria de ~s)	hizmet	[hizmet]

fórum (m)	forum	[forum]
funcionar (vi)	işlemek	[iʃlemek]
estágio (m)	aşama	[aʃama]
jurídico	hukuki	[hukuki]
jurista (m)	hukukçu	[hukuktʃu]

72. Produção. Trabalhos

usina (f)	imalathane	[imalataane]
fábrica (f)	fabrika	[fabrika]
oficina (f)	atölye	[atølje]
local (m) de produção	yapımevi	[japımevi]

indústria (f)	sanayi	[sanaji]
industrial	sanayi	[sanaji]
indústria (f) pesada	ağır sanayi	[aır sanaji]
indústria (f) ligeira	hafif sanayi	[hafif sanai]

produção (f)	ürünler	[yrynler]
produzir (vt)	üretmek	[yretmek]
matérias-primas (f pl)	ham madde	[ham madde]

chefe (m) de brigada	ekip başı	[ekip baʃı]
brigada (f)	ekip	[ekip]
operário (m)	işçi	[iʃtʃi]

dia (m) de trabalho	iş günü	[iʃ gyny]
pausa (f)	ara	[ara]
reunião (f)	toplantı	[toplantı]
discutir (vt)	görüşmek	[gøryʃmek]

plano (m)	plan	[plan]
cumprir o plano	planı gerçekleştirmek	[planı gertʃekleʃtirmek]
taxa (f) de produção	istihsal normu	[istihsal normu]
qualidade (f)	kalite	[kalite]
controlo (m)	kontrol	[kontrol]
controlo (m) da qualidade	kalite kontrolü	[kalite kontroly]

segurança (f) no trabalho	iş güvenliği	[iʃ gyvenli:i]
disciplina (f)	disiplin	[disiplin]
infração (f)	bozma	[bozma]
violar (as regras)	ihlal etmek	[ihlal etmek]

greve (f)	grev	[grev]
grevista (m)	grevci	[grevdʒi]
estar em greve	grev yapmak	[grev japmak]
sindicato (m)	sendika	[sendika]

inventar (vt)	icat etmek	[idʒat etmek]
invenção (f)	icat	[idʒat]
pesquisa (f)	araştırma	[araʃtırma]
melhorar (vt)	iyileştirmek	[ijileʃtirmek]
tecnologia (f)	teknoloji	[teknoloʒi]
desenho (m) técnico	teknik resim	[teknik resim]

carga (f)	yük	[juk]
carregador (m)	yükleyici	[juklejidʒi]
carregar (vt)	yüklemek	[juklemek]
carregamento (m)	yükleme	[jukleme]
descarregar (vt)	boşaltmak	[boʃaltmak]
descarga (f)	boşaltma	[boʃaltma]

transporte (m)	ulaştırma	[ulaʃtırma]
companhia (f) de transporte	ulaştırma şirketi	[ulaʃtırma ʃirketi]
transportar (vt)	taşımak	[taʃımak]

vagão (m) de carga	yük vagonu	[juk vagonu]
cisterna (f)	sarnıç	[sarnıtʃ]
camião (m)	kamyon	[kamjon]

| máquina-ferramenta (f) | tezgâh | [tezgjah] |
| mecanismo (m) | mekanizma | [mekanizma] |

resíduos (m pl) industriais	artıklar	[artıklar]
embalagem (f)	ambalajlama	[ambalaʒlama]
embalar (vt)	ambalajlamak	[ambaʒlamak]

73. Contrato. Acordo

contrato (m)	kontrat	[kontrat]
acordo (m)	sözleşme	[søzleʃme]
adenda (f), anexo (m)	ek, ilave	[ek], [ilave]

assinar o contrato	sözleşme imzalamak	[søzleʃme imzalamak]
assinatura (f)	imza	[imza]
assinar (vt)	imzalamak	[imzalamak]
carimbo (m)	mühür	[myhyr]

objeto (m) do contrato	sözleşme madde	[søzleʃme madde]
cláusula (f)	madde	[madde]
partes (f pl)	taraflar	[taraflar]
morada (f) jurídica	resmi adres	[resmi adres]

violar o contrato	sözleşmeyi ihlal etmek	[søzleʃmeji ihlal etmek]
obrigação (f)	yükümlülük	[jukymlylyk]
responsabilidade (f)	sorumluluk	[sorumluluk]
força (f) maior	fors majör	[fors maʒør]

litígio (m), disputa (f)   tartışma   [tartıʃma]
multas (f pl)   cezalar   [dʒezalar]

74. Importação & Exportação

importação (f)	ithalat	[ithalat]
importador (m)	ithalatçı	[ithalatʃı]
importar (vt)	ithal etmek	[ithal etmek]
de importação	ithal	[ithal]
exportação (f)	ihracat	[ihratʃat]
exportador (m)	ihracatçı	[ihradʒatʃı]
exportar (vt)	ihraç etmek	[ihratʃ etmek]
de exportação	ihraç	[ihratʃ]
mercadoria (f)	mal	[mal]
lote (de mercadorias)	parti	[parti]
peso (m)	ağırlık	[aırlık]
volume (m)	hacim	[hadʒim]
metro (m) cúbico	metre küp	[metre kyp]
produtor (m)	üretici	[yretidʒi]
companhia (f) de transporte	ulaştırma şirketi	[ulaʃtırma ʃirketi]
contentor (m)	konteyner	[kontejner]
fronteira (f)	sınır	[sınır]
alfândega (f)	gümrük	[gymryk]
taxa (f) alfandegária	gümrük vergisi	[gymryk vergisi]
funcionário (m) da alfândega	gümrükçü	[gymryktʃu]
contrabando (atividade)	kaçakçılık	[katʃaktʃılık]
contrabando (produtos)	kaçak mal	[katʃak mal]

75. Finanças

ação (f)	hisse senedi	[hisse senedi]
obrigação (f)	tahvil	[tahvil]
nota (f) promissória	senet	[senet]
bolsa (f)	borsa	[borsa]
cotação (m) das ações	hisse senedi kuru	[hisse senedi kuru]
tornar-se mais barato	ucuzlamak	[udʒuzlamak]
tornar-se mais caro	pahalanmak	[pahalanmak]
parte (f)	pay	[paj]
participação (f) maioritária	çoğunluk hissesi	[tʃounluk hissesi]
investimento (m)	yatırım	[jatırım]
investir (vt)	yatırım yapmak	[jatırım japmak]
percentagem (f)	yüzde	[juzde]
juros (m pl)	faiz	[faiz]

lucro (m)	kâr	[kjar]
lucrativo	kârlı	[kjarlı]
imposto (m)	vergi	[vergi]

divisa (f)	döviz	[døviz]
nacional	milli	[milli]
câmbio (m)	kambiyo	[kambijo]

| contabilista (m) | muhasebeci | [muhasebedʒi] |
| contabilidade (f) | muhasebe | [muhasebe] |

bancarrota (f)	batkı, iflâs	[batkı], [iflas]
falência (f)	batma	[batma]
ruína (f)	iflâs	[iflas]
arruinar-se (vr)	iflâs etmek	[iflas etmek]
inflação (f)	enflasyon	[enflasjon]
desvalorização (f)	devalüasyon	[devalyasjon]

capital (m)	sermaye	[sermaje]
rendimento (m)	gelir	[gelir]
volume (m) de negócios	muamele	[muamele]
recursos (m pl)	kaynaklar	[kajnaklar]
recursos (m pl) financeiros	finansal kaynaklar	[finansal kajnaklar]
despesas (f pl) gerais	sabit masraflar	[sabit masraflar]
reduzir (vt)	azaltmak	[azaltmak]

76. Marketing

marketing (m)	pazarlama	[pazarlama]
mercado (m)	piyasa	[pijasa]
segmento (m) do mercado	pazar dilimi	[pazar dilimi]
produto (m)	ürün	[yryn]
mercadoria (f)	mal	[mal]

marca (f)	marka	[marka]
marca (f) comercial	ticari marka	[tidʒari marka]
logotipo (m)	logo, işaret	[logo], [iʃaret]
logo (m)	logo	[logo]

| demanda (f) | talep | [talep] |
| oferta (f) | teklif | [teklif] |

| necessidade (f) | ihtiyaç | [ihtijatʃ] |
| consumidor (m) | tüketici | [tyketidʒi] |

| análise (f) | analiz | [analiz] |
| analisar (vt) | analiz etmek | [analiz etmek] |

| posicionamento (m) | konumlandırma | [konumlandırma] |
| posicionar (vt) | konumlandırmak | [konumlandırmak] |

preço (m)	fiyat	[fijat]
política (f) de preços	fiyat politikası	[fijat politikası]
formação (f) de preços	fiyat tespiti	[fijat tespiti]

77. Publicidade

publicidade (f)	reklam	[reklam]
publicitar (vt)	reklam yapmak	[reklam japmak]
orçamento (m)	bütçe	[bytʃe]
anúncio (m) publicitário	reklam	[reklam]
publicidade (f) televisiva	televizyon reklamı	[televizjon reklamı]
publicidade (f) na rádio	radyo reklamı	[radjo reklamı]
publicidade (f) exterior	dış reklam	[dıʃ reklam]
comunicação (f) de massa	kitle iletişim	[kitle iletiʃim]
periódico (m)	süreli yayın	[syreli jajın]
imagem (f)	imaj	[imaʒ]
slogan (m)	reklâm sloganı	[reklam sloganı]
mote (m), divisa (f)	slogan, parola	[slogan], [parola]
campanha (f)	kampanya	[kampanja]
companha (f) publicitária	reklam kampanyası	[reklam kampanjası]
grupo (m) alvo	hedef kitle	[hedef kitle]
cartão (m) de visita	kartvizit	[kartvizit]
flyer (m)	beyanname	[bejanname]
brochura (f)	broşür	[broʃyr]
folheto (m)	kitapçık	[kitaptʃık]
boletim (~ informativo)	bülten	[bylten]
letreiro (m)	levha	[levha]
cartaz, póster (m)	poster, afiş	[poster], [afiʃ]
painel (m) publicitário	reklam panosu	[reklam panosu]

78. Banca

banco (m)	banka	[banka]
sucursal, balcão (f)	banka şubesi	[banka ʃubesı]
consultor (m)	danışman	[danıʃman]
gerente (m)	yönetici	[jønetidʒi]
conta (f)	hesap	[hesap]
número (m) da conta	hesap numarası	[hesap numarası]
conta (f) corrente	çek hesabı	[tʃek hesabı]
conta (f) poupança	mevduat hesabı	[mevduat hesabı]
abrir uma conta	hesap açmak	[hesap atʃmak]
fechar uma conta	hesap kapatmak	[hesap kapatmak]
depositar na conta	para yatırmak	[para jatırmak]
levantar (vt)	hesaptan çekmek	[hesaptan tʃekmek]
depósito (m)	mevduat	[mevduat]
fazer um depósito	depozito vermek	[depozito vermek]
transferência (f) bancária	havale	[havale]

transferir (vt)	havale etmek	[havale etmek]
soma (f)	toplam	[toplam]
Quanto?	Kaç?	[katʃ]
assinatura (f)	imza	[imza]
assinar (vt)	imzalamak	[imzalamak]
cartão (m) de crédito	kredi kartı	[kredi kartı]
código (m)	kod	[kod]
número (m) do cartão de crédito	kredi kartı numarası	[kredi kartı numarası]
Caixa Multibanco (m)	bankamatik	[bankamatik]
cheque (m)	çek	[tʃek]
passar um cheque	çek yazmak	[tʃek jazmak]
livro (m) de cheques	çek defteri	[tʃek defteri]
empréstimo (m)	kredi	[kredi]
pedir um empréstimo	krediye başvurmak	[kredije baʃvurmak]
obter um empréstimo	kredi almak	[kredi almak]
conceder um empréstimo	kredi vermek	[kredi vermek]
garantia (f)	garanti	[garanti]

79. Telefone. Conversação telefónica

telefone (m)	telefon	[telefon]
telemóvel (m)	cep telefonu	[dʒep telefonu]
secretária (f) electrónica	telesekreter	[telesekreter]
fazer uma chamada	telefonla aramak	[telefonla aramak]
chamada (f)	arama, görüşme	[arama], [gøryʃme]
marcar um número	numarayı aramak	[numarajı aramak]
Alô!	Alo!	[alø]
perguntar (vt)	sormak	[sormak]
responder (vt)	cevap vermek	[dʒevap vermek]
ouvir (vt)	duymak	[dujmak]
bem	iyi	[iji]
mal	kötü	[køty]
ruído (m)	parazit	[parazit]
auscultador (m)	telefon ahizesi	[telefon ahizesi]
pegar o telefone	açmak telefonu	[atʃmak telefonu]
desligar (vi)	telefonu kapatmak	[telefonu kapatmak]
ocupado	meşgul	[meʃgul]
tocar (vi)	çalmak	[tʃalmak]
lista (f) telefónica	telefon rehberi	[telefon rehberi]
local	şehiriçi	[ʃehiritʃi]
chamada (f) local	şehiriçi görüşme	[ʃehiritʃi gøryʃme]
de longa distância	şehirlerarası	[ʃehirlerarası]
chamada (f) de longa distância	şehirlerarası görüşme	[ʃehirlerarası gøryʃme]

| internacional | uluslararası | [uluslar arası] |
| chamada (f) internacional | uluslararası görüşme | [uluslararası gøryʃme] |

80. Telefone móvel

telemóvel (m)	cep telefonu	[dʒep telefonu]
ecrã (m)	ekran	[ekran]
botão (m)	düğme	[dyjme]
cartão SIM (m)	SIM kartı	[sim kartı]

bateria (f)	pil	[pil]
descarregar-se	bitmek	[bitmek]
carregador (m)	şarj cihazı	[ʃarʒ dʒihazı]

| menu (m) | menü | [meny] |
| definições (f pl) | ayarlar | [ajarlar] |

| melodia (f) | melodi | [melodi] |
| escolher (vt) | seçmek | [setʃmek] |

calculadora (f)	hesaplamalar	[hesaplamanar]
correio (m) de voz	söz postası	[søz postası]
despertador (m)	çalar saat	[tʃalar saat]
contatos (m pl)	rehber	[rehber]

| mensagem (f) de texto | SMS mesajı | [esemes mesaʒı] |
| assinante (m) | abone | [abone] |

81. Estacionário

| caneta (f) | tükenmez kalem | [tykenmez kalem] |
| caneta (f) tinteiro | dolma kalem | [dolma kalem] |

lápis (m)	kurşun kalem	[kurʃun kalem]
marcador (m)	fosforlu kalem	[fosforlu kalem]
caneta (f) de feltro	keçeli kalem	[ketʃeli kalem]

| bloco (m) de notas | not defteri | [not defteri] |
| agenda (f) | ajanda | [aʒanda] |

régua (f)	cetvel	[dʒetvel]
calculadora (f)	hesap makinesi	[hesap makinesi]
borracha (f)	silgi	[silgi]

| pionés (m) | raptiye | [raptije] |
| clipe (m) | ataş | [ataʃ] |

| cola (f) | yapıştırıcı | [japıʃtırıdʒı] |
| agrafador (m) | zımba | [zımba] |

| furador (m) | delgeç | [delgetʃ] |
| afia-lápis (m) | kalemtıraş | [kalem tıraʃ] |

82. Tipos de negócios

serviços (m pl) de contabilidade	muhasebe hizmetleri	[muhasebe hizmetleri]
publicidade (f)	reklam	[reklam]
agência (f) de publicidade	reklam acentesi	[reklam adʒentesi]
ar (m) condicionado	klimalar	[klimalar]
companhia (f) aérea	hava yolları şirketi	[hava jolları ʃirketi]
bebidas (f pl) alcoólicas	alkollü içecekler	[alkolly itʃedʒekler]
comércio (m) de antiguidades	antika	[antika]
galeria (f) de arte	sanat galerisi	[sanat galerisi]
serviços (m pl) de auditoria	muhasebe denetim servisi	[muhasebe denetim servisi]
negócios (m pl) bancários	bankacılık	[bankadʒılık]
bar (m)	bar	[bar]
salão (m) de beleza	güzellik salonu	[gyzellik salonu]
livraria (f)	kitabevi	[kitabevi]
cervejaria (f)	bira fabrikası	[bira fabrikası]
centro (m) de escritórios	iş merkezi	[iʃ merkezi]
escola (f) de negócios	ticaret okulu	[tidʒaret okulu]
casino (m)	kazino	[kazino]
construção (f)	yapı, inşaat	[japı], [inʃaat]
serviços (m pl) de consultoria	danışmanlık	[danıʃmanlık]
estomatologia (f)	dişçilik	[diʃtʃiklik]
design (m)	dizayn	[dizajn]
farmácia (f)	eczane	[edʒzane]
lavandaria (f)	kuru temizleme	[kuru temizleme]
agência (f) de emprego	iş bulma bürosu	[iʃ bulma byrosu]
serviços (m pl) financeiros	mali hizmetler	[mali hizmetler]
alimentos (m pl)	gıda ürünleri	[gıda jurynleri]
agência (f) funerária	cenaze evi	[dʒenaze evi]
mobiliário (m)	mobilya	[mobilja]
roupa (f)	elbise	[elbise]
hotel (m)	otel	[otel]
gelado (m)	dondurma	[dondurma]
indústria (f)	sanayi	[sanaji]
seguro (m)	sigorta	[sigorta]
internet (f)	internet	[internet]
investimento (m)	yatırım	[jatırım]
joalheiro (m)	mücevherci	[mydʒevherʒi]
joias (f pl)	mücevherat	[mydʒevherat]
lavandaria (f)	çamaşırhane	[tʃamaʃırhane]
serviços (m pl) jurídicos	hukuk müşaviri	[hukuk myʃaviri]
indústria (f) ligeira	hafif sanayi	[hafif sanai]
revista (f)	dergi	[dergi]
vendas (f pl) por catálogo	postayla satış	[postajla satıʃ]
medicina (f)	tıp	[tıp]

cinema (m)	sinema	[sinema]
museu (m)	müze	[myze]
agência (f) de notícias	haber ajansı	[haber aʒansı]
jornal (m)	gazete	[gazete]
clube (m) noturno	gece kulübü	[gedʒe kulyby]
petróleo (m)	petrol	[petrol]
serviço (m) de encomendas	kurye acentesi	[kurje adʒentesi]
indústria (f) farmacêutica	eczacılık	[edʒzadʒılık]
poligrafia (f)	basımcılık	[basımdʒılık]
editora (f)	yayınevi	[jajınevi]
rádio (m)	radyo	[radjo]
imobiliário (m)	emlak	[emlak]
restaurante (m)	restoran	[restoran]
empresa (f) de segurança	güvenlik şirketi	[gyvenlik ʃirketi]
desporto (m)	spor	[spor]
bolsa (f)	borsa	[borsa]
loja (f)	mağaza, dükkan	[maaza], [dykkan]
supermercado (m)	süpermarket	[sypermarket]
piscina (f)	havuz	[havuz]
alfaiataria (f)	atölye	[atølje]
televisão (f)	televizyon	[televizjon]
teatro (m)	tiyatro	[tijatro]
comércio (atividade)	satış, ticaret	[satıʃ], [tidʒaret]
serviços (m pl) de transporte	taşımacılık	[taʃımadʒılık]
viagens (f pl)	turizm	[turizm]
veterinário (m)	veteriner	[veteriner]
armazém (m)	depo	[depo]
recolha (f) do lixo	atık toplama	[atık toplama]

Emprego. Negócios. Parte 2

83. Espetáculo. Feira

feira (f)	fuar	[fuar]
feira (f) comercial	ticari gösteri	[tidʒari gøsteri]
participação (f)	katılım	[katılım]
participar (vi)	katılmak	[katılmak]
participante (m)	katılımcı	[katılımdʒı]
diretor (m)	müdür	[mydyr]
direção (f)	müdürlük	[mydyrlyk]
organizador (m)	düzenleyici	[dyzenlejidʒi]
organizar (vt)	düzenlemek	[dyzenlemek]
ficha (f) de inscrição	katılım formu	[katılım formu]
preencher (vt)	doldurmak	[doldurmak]
detalhes (m pl)	detaylar	[detajlar]
informação (f)	bilgi	[bilgi]
preço (m)	fiyat	[fijat]
incluindo	dahil	[dahil]
incluir (vt)	dahil etmek	[dahil etmek]
pagar (vt)	ödemek	[ødemek]
taxa (f) de inscrição	kayıt ücreti	[kajıt ydʒreti]
entrada (f)	giriş	[giriʃ]
pavilhão (m)	pavyon	[pavjon]
inscrever (vt)	kaydetmek	[kajdetmek]
crachá (m)	yaka kartı	[jaka kartı]
stand (m)	fuar standı	[fuar standı]
reservar (vt)	rezerve etmek	[rezerve etmek]
vitrina (f)	vitrin	[vitrin]
foco, spot (m)	spot	[spot]
design (m)	dizayn	[dizajn]
pôr, colocar (vt)	yerleştirmek	[jerleʃtirmek]
distribuidor (m)	distribütör	[distribytør]
fornecedor (m)	üstenci	[ystendʒi]
país (m)	ülke	[ylke]
estrangeiro	yabancı	[jabandʒı]
produto (m)	ürün	[yryn]
associação (f)	cemiyet	[dʒemijet]
sala (f) de conferências	konferans salonu	[konferans salonu]
congresso (m)	kongre	[kongre]

concurso (m)	yarışma	[jarıʃma]
visitante (m)	ziyaretçi	[zijaretʃi]
visitar (vt)	ziyaret etmek	[zijaret etmek]
cliente (m)	müşteri	[myʃteri]

84. Ciência. Investigação. Cientistas

ciência (f)	bilim	[bilim]
científico	bilimsel, ilmi	[bilimsel], [ilmi]
cientista (m)	bilim adamı	[bilim adamı]
teoria (f)	teori	[teori]

axioma (m)	aksiyom	[aksijom]
análise (f)	analiz	[analiz]
analisar (vt)	analiz etmek	[analiz etmek]
argumento (m)	kanıt	[kanıt]
substância (f)	madde	[madde]

hipótese (f)	hipotez	[hipotez]
dilema (m)	ikilem	[ikilem]
tese (f)	tez	[tez]
dogma (m)	dogma	[dogma]

doutrina (f)	doktrin	[doktrin]
pesquisa (f)	araştırma	[araʃtırma]
pesquisar (vt)	araştırmak	[araʃtırmak]
teste (m)	deneme	[deneme]
laboratório (m)	laboratuvar	[laboratuvar]

método (m)	metot	[metot]
molécula (f)	molekül	[molekyl]
monitoramento (m)	gözleme	[gøzleme]
descoberta (f)	buluş	[buluʃ]

postulado (m)	varsayım	[varsajım]
princípio (m)	prensip	[prensip]
prognóstico (previsão)	tahmin	[tahmin]
prognosticar (vt)	tahmin etmek	[tahmin etmek]

síntese (f)	sentez	[sentez]
tendência (f)	eğilim	[eilim]
teorema (m)	teorem	[teorem]

ensinamentos (m pl)	ilke, öğreti	[ilke], [ø:reti]
facto (m)	gerçek	[gertʃek]
expedição (f)	bilimsel gezisi	[bilimzel gezisi]
experiência (f)	deney	[denej]

académico (m)	akademisyen	[akademisjen]
bacharel (m)	bakalorya	[bakalorja]
doutor (m)	doktor	[doktor]
docente (m)	doçent	[dotʃent]
mestre (m)	master	[master]
professor (m) catedrático	profesör	[profesør]

Profissões e ocupações

85. Procura de emprego. Demissão

trabalho (m)	iş	[iʃ]
equipa (f)	kadro	[kadro]
pessoal (m)	personel	[personel]
carreira (f)	kariyer	[karjer]
perspetivas (f pl)	istikbal	[istikbal]
mestria (f)	ustalık	[ustalık]
seleção (f)	seçme	[setʃme]
agência (f) de emprego	iş bulma bürosu	[iʃ bulma byrosu]
CV, currículo (m)	özet	[øzet]
entrevista (f) de emprego	mülakat	[mylakat]
vaga (f)	açık yer	[atʃık jer]
salário (m)	maaş	[maaʃ]
salário (m) fixo	sabit maaş	[sabit maaʃ]
pagamento (m)	ödeme	[ødeme]
posto (m)	görev, iş	[gørev], [iʃ]
dever (do empregado)	görev	[gørev]
gama (f) de deveres	görev listesi	[gørev listesi]
ocupado	meşgul	[meʃgul]
despedir, demitir (vt)	işten çıkarmak	[iʃten tʃıkarmak]
demissão (f)	işten çıkarma	[iʃten tʃıkarma]
desemprego (m)	işsizlik	[iʃsizlik]
desempregado (m)	işsiz	[iʃsiz]
reforma (f)	emekli maaşı	[emekli maaʃı]
reformar-se	emekli olmak	[emekli olmak]

86. Gente de negócios

diretor (m)	müdür	[mydyr]
gerente (m)	yönetici	[jønetidʒi]
patrão, chefe (m)	yönetmen	[jønetmen]
superior (m)	şef	[ʃef]
superiores (m pl)	şefler	[ʃefler]
presidente (m)	başkan	[baʃkan]
presidente (m) de direção	başkan	[baʃkan]
substituto (m)	yardımcı	[jardımdʒı]
assistente (m)	asistan	[asistan]

T&P Books. Vocabulário Português-Turco - 5000 palavras

secretário (m)	sekreter	[sekreter]
secretário (m) pessoal	özel sekreter	[øzel sekreter]
homem (m) de negócios	iş adamı	[iʃ adamı]
empresário (m)	girişimci	[giriʃimdʒi]
fundador (m)	kurucu	[kurudʒu]
fundar (vt)	kurmak	[kurmak]
fundador, sócio (m)	müessis	[myessis]
parceiro, sócio (m)	ortak	[ortak]
acionista (m)	hissedar	[hissedar]
milionário (m)	milyoner	[miljoner]
bilionário (m)	milyarder	[miljarder]
proprietário (m)	sahip	[sahip]
proprietário (m) de terras	toprak sahibi	[toprak sahibi]
cliente (m)	müşteri	[myʃteri]
cliente (m) habitual	devamlı müşteri	[devamlı myʃteri]
comprador (m)	alıcı, müşteri	[alıdʒı], [myʃteri]
visitante (m)	ziyaretçi	[zijaretʃi]
profissional (m)	profesyonel	[profesjonel]
perito (m)	eksper	[eksper]
especialista (m)	uzman	[uzman]
banqueiro (m)	bankacı	[bankadʒı]
corretor (m)	borsa simsarı	[borsa sımsarı]
caixa (m, f)	kasiyer	[kasijer]
contabilista (m)	muhasebeci	[muhasebedʒi]
guarda (m)	güvenlik görevlisi	[gyvenlik gørevlisı]
investidor (m)	yatırımcı	[jatırımdʒı]
devedor (m)	borçlu	[bortʃlu]
credor (m)	alacaklı	[aladʒaklı]
mutuário (m)	ödünç alan	[ødyntʃ alan]
importador (m)	ithalatçı	[ithalatʃı]
exportador (m)	ihracatçı	[ihradʒatʃı]
produtor (m)	üretici	[yretidʒi]
distribuidor (m)	distribütör	[distribytør]
intermediário (m)	aracı	[aradʒı]
consultor (m)	danışman	[danıʃman]
representante (m)	temsilci	[temsildʒi]
agente (m)	acente, ajan	[adʒente], [aʒan]
agente (m) de seguros	sigorta acentesi	[sigorta adʒentesi]

87. Profissões de serviços

cozinheiro (m)	aşçı	[aʃtʃı]
cozinheiro chefe (m)	aşçıbaşı	[aʃtʃıbaʃı]

padeiro (m)	fırıncı	[fırındʒı]
barman (m)	barmen	[barmen]
empregado (m) de mesa	garson	[garson]
empregada (f) de mesa	kadın garson	[kadın garson]

advogado (m)	avukat	[avukat]
jurista (m)	hukukçu	[hukuktʃu]
notário (m)	noter	[noter]

eletricista (m)	elektrikçi	[elektriktʃi]
canalizador (m)	tesisatçı	[tesisatʃı]
carpinteiro (m)	dülger	[dylger]

massagista (m)	masör	[masør]
massagista (f)	masör	[masør]
médico (m)	doktor, hekim	[doktor], [hekim]

taxista (m)	taksici	[taksidʒi]
condutor (automobilista)	şoför	[ʃofør]
entregador (m)	kurye	[kurje]

camareira (f)	hizmetçi	[hizmetʃi]
guarda (m)	güvenlik görevlisi	[gyvenlik gørevlisı]
hospedeira (f) de bordo	hostes	[hostes]

professor (m)	öğretmen	[ø:retmen]
bibliotecário (m)	kütüphane memuru	[kytyphane memuru]
tradutor (m)	çevirmen	[tʃevirmen]
intérprete (m)	tercüman	[terdʒyman]
guia (pessoa)	rehber	[rehber]

cabeleireiro (m)	kuaför	[kuafør]
carteiro (m)	postacı	[postadʒı]
vendedor (m)	satıcı	[satıdʒı]

jardineiro (m)	bahçıvan	[bahtʃıvan]
criado (m)	hizmetçi	[hizmetʃi]
criada (f)	kadın hizmetçi	[kadın hizmetʃi]
empregada (f) de limpeza	temizlikçi	[temizliktʃi]

88. Profissões militares e postos

soldado (m) raso	er	[er]
sargento (m)	çavuş	[tʃavuʃ]
tenente (m)	teğmen	[teemen]
capitão (m)	yüzbaşı	[juzbaʃı]

major (m)	binbaşı	[binbaʃı]
coronel (m)	albay	[albaj]
general (m)	general	[general]
marechal (m)	mareşal	[mareʃal]
almirante (m)	amiral	[amiral]
militar (m)	askeri	[askeri]
soldado (m)	asker	[asker]

oficial (m)	subay	[subaj]
comandante (m)	komutan	[komutan]
guarda (m) fronteiriço	sınır muhafızı	[sınır muhafızı]
operador (m) de rádio	telsiz operatörü	[telsiz operatøry]
explorador (m)	keşif eri	[keʃif eri]
sapador (m)	istihkam eri	[istihkam eri]
atirador (m)	atıcı	[atıdʒı]
navegador (m)	seyrüseferci	[sejryseferdʒi]

89. Oficiais. Padres

rei (m)	kral	[kral]
rainha (f)	kraliçe	[kralitʃe]
príncipe (m)	prens	[prens]
princesa (f)	prenses	[prenses]
czar (m)	çar	[tʃar]
czarina (f)	çariçe	[tʃaritʃe]
presidente (m)	başkan	[baʃkan]
ministro (m)	bakan	[bakan]
primeiro-ministro (m)	başbakan	[baʃbakan]
senador (m)	senatör	[senatør]
diplomata (m)	diplomat	[diplomat]
cônsul (m)	konsolos	[konsolos]
embaixador (m)	büyükelçi	[byjukeltʃi]
conselheiro (m)	danışman	[danıʃman]
funcionário (m)	memur	[memur]
prefeito (m)	belediye başkanı	[beledije baʃkanı]
Presidente (m) da Câmara	belediye başkanı	[beledije baʃkanı]
juiz (m)	yargıç	[jargıtʃ]
procurador (m)	savcı	[savdʒı]
missionário (m)	misyoner	[misjoner]
monge (m)	keşiş	[keʃiʃ]
abade (m)	başrahip	[baʃrahip]
rabino (m)	haham	[haham]
vizir (m)	vezir	[vezir]
xá (m)	şah	[ʃah]
xeque (m)	şeyh	[ʃejh]

90. Profissões agrícolas

apicultor (m)	arıcı	[arıdʒı]
pastor (m)	çoban	[tʃoban]
agrónomo (m)	tarım uzmanı	[tarım uzmanı]

| criador (m) de gado | hayvan besleyicisi | [hajvan beslejidʒisi] |
| veterinário (m) | veteriner | [veteriner] |

agricultor (m)	çiftçi	[tʃiftʃi]
vinicultor (m)	şarap üreticisi	[ʃarap yretidʒisi]
zoólogo (m)	zoolog	[zoolog]
cowboy (m)	kovboy	[kovboj]

91. Profissões artísticas

| ator (m) | aktör | [aktør] |
| atriz (f) | aktris | [aktris] |

| cantor (m) | şarkıcı | [ʃarkıdʒı] |
| cantora (f) | şarkıcı | [ʃarkıdʒı] |

| bailarino (m) | dansçı | [danstʃı] |
| bailarina (f) | dansöz | [dansøz] |

| artista (m) | sanatçı | [sanatʃı] |
| artista (f) | sanatçı | [sanatʃı] |

músico (m)	müzisyen	[myzisjen]
pianista (m)	piyanocu	[pijanodʒu]
guitarrista (m)	gitarcı	[gitaradʒı]

maestro (m)	orkestra şefi	[okrestra ʃefi]
compositor (m)	besteci	[bestedʒi]
empresário (m)	emprezaryo	[emprezarjo]

realizador (m)	yönetmen	[jønetmen]
produtor (m)	yapımcı	[japımdʒı]
argumentista (m)	senaryo yazarı	[senarjo jazarı]
crítico (m)	eleştirmen	[eleʃtirmen]

escritor (m)	yazar	[jazar]
poeta (m)	şair	[ʃair]
escultor (m)	heykelci	[hejkeldʒi]
pintor (m)	ressam	[ressam]

malabarista (m)	hokkabaz	[hokkabaz]
palhaço (m)	palyaço	[paljatʃo]
acrobata (m)	cambaz	[dʒambaz]
mágico (m)	sihirbaz	[sihirbaz]

92. Várias profissões

médico (m)	doktor, hekim	[doktor], [hekim]
enfermeira (f)	hemşire	[hemʃire]
psiquiatra (m)	psikiyatr	[psikijatr]
estomatologista (m)	dişçi	[diʃtʃi]
cirurgião (m)	cerrah	[dʒerrah]

astronauta (m)	astronot	[astronot]
astrónomo (m)	astronom	[astronom]
piloto (m)	pilot	[pilot]
motorista (m)	şoför	[ʃofør]
maquinista (m)	makinist	[makinist]
mecânico (m)	mekanik	[mekanik]
mineiro (m)	maden işçisi	[maden iʃtʃisi]
operário (m)	işçi	[iʃtʃi]
serralheiro (m)	tesisatçı	[tesisatʃı]
marceneiro (m)	marangoz	[marangoz]
torneiro (m)	tornacı	[tornadʒı]
construtor (m)	inşaat işçisi	[inʃaat iʃtʃısı]
soldador (m)	kaynakçı	[kajnaktʃı]
professor (m) catedrático	profesör	[profesør]
arquiteto (m)	mimar	[mimar]
historiador (m)	tarihçi	[tarihtʃi]
cientista (m)	bilim adamı	[bilim adamı]
físico (m)	fizik bilgini	[fizik bilgini]
químico (m)	kimyacı	[kimjadʒı]
arqueólogo (m)	arkeolog	[arkeolog]
geólogo (m)	jeolog	[ʒeolog]
pesquisador (cientista)	araştırmacı	[araʃtırmadʒi]
babysitter (f)	çocuk bakıcısı	[tʃodʒuk bakıdʒısı]
professor (m)	öğretmen	[ø:retmen]
redator (m)	editör	[editør]
redator-chefe (m)	baş editör	[baʃ editør]
correspondente (m)	muhabir	[muhabir]
datilógrafa (f)	daktilocu	[daktilodʒu]
designer (m)	dizayncı	[dizajndʒı]
especialista (m) em informática	bilgisayarcı	[bilgisajardʒı]
programador (m)	programcı	[programdʒı]
engenheiro (m)	mühendis	[myhendis]
marujo (m)	denizci	[denizdʒi]
marinheiro (m)	tayfa	[tajfa]
salvador (m)	cankurtaran	[dʒankurtaran]
bombeiro (m)	itfaiyeci	[itfajedʒi]
polícia (m)	erkek polis	[erkek polis]
guarda-noturno (m)	bekçi	[bektʃi]
detetive (m)	hafiye	[hafije]
funcionário (m) da alfândega	gümrükçü	[gymryktʃu]
guarda-costas (m)	koruma görevlisi	[koruma gørevlis]
guarda (m) prisional	gardiyan	[gardijan]
inspetor (m)	müfettiş	[myfettiʃ]
desportista (m)	sporcu	[spordʒu]
treinador (m)	antrenör	[antrenør]

T&P Books. Vocabulário Português-Turco - 5000 palavras

talhante (m)	kasap	[kasap]
sapateiro (m)	ayakkabıcı	[ajakkabıdʒı]
comerciante (m)	tüccar	[tydʒar]
carregador (m)	yükleyici	[juklejidʒi]
estilista (m)	modelci	[modeldʒi]
modelo (f)	manken	[manken]

93. Ocupações. Estatuto social

aluno, escolar (m)	erkek öğrenci	[erkek ø:rendʒi]
estudante (~ universitária)	öğrenci	[ø:rendʒi]
filósofo (m)	felsefeci	[felsefedʒi]
economista (m)	iktisatçı	[iktisatʃı]
inventor (m)	mucit	[mudʒit]
desempregado (m)	işsiz	[iʃsiz]
reformado (m)	emekli	[emekli]
espião (m)	ajan, casus	[aʒan], [dʒasus]
preso (m)	tutuklu	[tutuklu]
grevista (m)	grevci	[grevdʒi]
burocrata (m)	bürokrat	[byrokrat]
viajante (m)	gezgin	[gezgin]
homossexual (m)	homoseksüel	[homoseksyel]
hacker (m)	hekır	[hekır]
bandido (m)	haydut	[hajdut]
assassino (m) a soldo	kiralık katil	[kiralık katil]
toxicodependente (m)	uyuşturucu bağımlısı	[ujuʃturudʒu baımlısı]
traficante (m)	uyuşturucu taciri	[ujuʃturudʒu tadʒiri]
prostituta (f)	fahişe	[fahiʃe]
chulo (m)	kadın tüccarı	[kadın tydʒarı]
bruxo (m)	büyücü	[byjudʒy]
bruxa (f)	büyücü kadın	[byjudʒy kadın]
pirata (m)	korsan	[korsan]
escravo (m)	köle	[køle]
samurai (m)	samuray	[samuraj]
selvagem (m)	vahşi	[vahʃi]

Educação

94. Escola

escola (f)	okul	[okul]
diretor (m) de escola	okul müdürü	[okul mydyry]
aluno (m)	öğrenci	[ø:rendʒi]
aluna (f)	kız öğrenci	[kız ø:rendʒi]
escolar (m)	öğrenci	[ø:rendʒi]
escolar (f)	kız öğrenci	[kız ø:rendʒi]
ensinar (vt)	öğretmek	[ø:retmek]
aprender (vt)	öğrenmek	[ø:renmek]
aprender de cor	ezberlemek	[ezberlemek]
estudar (vi)	öğrenmek	[ø:renmek]
andar na escola	okula gitmek	[okula gitmek]
alfabeto (m)	alfabe	[alfabe]
disciplina (f)	ders	[ders]
sala (f) de aula	sınıf	[sınıf]
lição (f)	ders	[ders]
recreio (m)	teneffüs	[teneffys]
toque (m)	zil	[zil]
carteira (f)	okul sırası	[okul sırası]
quadro (m) negro	kara tahta	[kara tahta]
nota (f)	not	[not]
boa nota (f)	iyi not	[iji not]
nota (f) baixa	kötü not	[køty not]
dar uma nota	not vermek	[not vermek]
erro (m)	hata	[hata]
fazer erros	hata yapmak	[hata japmak]
corrigir (vt)	düzeltmek	[dyzeltmek]
cábula (f)	kopya	[kopja]
dever (m) de casa	ev ödevi	[ev ødevi]
exercício (m)	egzersiz	[egzersiz]
estar presente	bulunmak	[bulunmak]
estar ausente	bulunmamak	[bulunmamak]
punir (vt)	cezalandırmak	[dʒezalandırmak]
punição (f)	ceza	[dʒeza]
comportamento (m)	davranış	[davranıʃ]
boletim (m) escolar	karne	[karne]
lápis (m)	kurşun kalem	[kurʃun kalem]

borracha (f)	silgi	[silgi]
giz (m)	tebeşir	[tebeʃir]
estojo (m)	kalemlik	[kalemlik]
pasta (f) escolar	çanta	[tʃanta]
caneta (f)	tükenmez kalem	[tykenmez kalem]
caderno (m)	defter	[defter]
manual (m) escolar	ders kitabı	[ders kitabı]
compasso (m)	pergel	[pergel]
traçar (vt)	çizmek	[tʃizmek]
desenho (m) técnico	teknik resim	[teknik resim]
poesia (f)	şiir	[ʃiːir]
de cor	ezbere	[ezbere]
aprender de cor	ezberlemek	[ezberlemek]
férias (f pl)	okul tatili	[okul tatili]
estar de férias	tatilde olmak	[tatilde olmak]
teste (m)	sınav	[sınaf]
composição, redação (f)	kompozisyon	[kompozisjon]
ditado (m)	dikte	[dikte]
exame (m)	sınav	[sınaf]
fazer exame	sınav olmak	[sınav olmak]
experiência (~ química)	deney	[denej]

95. Colégio. Universidade

academia (f)	akademi	[akademi]
universidade (f)	üniversite	[yniversite]
faculdade (f)	fakülte	[fakylte]
estudante (m)	öğrenci	[øːrendʒi]
estudante (f)	öğrenci	[øːrendʒi]
professor (m)	öğretmen	[øːretmen]
sala (f) de palestras	dersane	[dersane]
graduado (m)	mezun	[mezun]
diploma (m)	diploma	[diploma]
tese (f)	tez	[tez]
estudo (obra)	inceleme	[indʒeleme]
laboratório (m)	laboratuvar	[laboratuvar]
palestra (f)	ders	[ders]
colega (m) de curso	sınıf arkadaşı	[sınıf arkadaʃı]
bolsa (f) de estudos	burs	[burs]
grau (m) académico	akademik derece	[akademik deredʒe]

96. Ciências. Disciplinas

matemática (f)	matematik	[matematik]
álgebra (f)	cebir	[dʒebir]

geometria (f)	geometri	[geometri]
astronomia (f)	astronomi	[astronomi]
biologia (f)	biyoloji	[bioloʒi]
geografia (f)	coğrafya	[dʒoorafja]
geologia (f)	jeoloji	[ʒeoloʒi]
história (f)	tarih	[tarih]
medicina (f)	tıp	[tıp]
pedagogia (f)	pedagoji	[pedagoʒi]
direito (m)	hukuk	[hukuk]
física (f)	fizik	[fizik]
química (f)	kimya	[kimja]
filosofia (f)	felsefe	[felsefe]
psicologia (f)	psikoloji	[psikoloʒi]

97. Sistema de escrita. Ortografia

gramática (f)	gramer	[gramer]
vocabulário (m)	kelime hazinesi	[kelime hazinesi]
fonética (f)	fonetik	[fonetik]
substantivo (m)	isim	[isim]
adjetivo (m)	sıfat	[sıfat]
verbo (m)	fiil	[fi:il]
advérbio (m)	zarf	[zarf]
pronome (m)	zamir	[zamir]
interjeição (f)	ünlem	[ynlem]
preposição (f)	edat, ilgeç	[edat], [ilgetʃ]
raiz (f) da palavra	kelime kökü	[kelime køky]
terminação (f)	sonek	[sonek]
prefixo (m)	ön ek	[øn ek]
sílaba (f)	hece	[hedʒe]
sufixo (m)	son ek	[son ek]
acento (m)	vurgu	[vurgu]
apóstrofo (m)	apostrof	[apostrof]
ponto (m)	nokta	[nokta]
vírgula (f)	virgül	[virgyl]
ponto e vírgula (m)	noktalı virgül	[noktalı virgyl]
dois pontos (m pl)	iki nokta	[iki nokta]
reticências (f pl)	üç nokta	[ytʃ nokta]
ponto (m) de interrogação	soru işareti	[soru iʃareti]
ponto (m) de exclamação	ünlem işareti	[ynlem iʃareti]
aspas (f pl)	tırnak	[tırnak]
entre aspas	tırnak içinde	[tırnak itʃinde]
parênteses (m pl)	parantez	[parantez]
entre parênteses	parantez içinde	[parantez itʃinde]
hífen (m)	kısa çizgi	[kısa tʃizgi]

travessão (m)	tire	[tire]
espaço (m)	boşluk, ara	[boʃluk], [ara]
letra (f)	harf	[harf]
letra (f) maiúscula	büyük harf	[byjuk harf]
vogal (f)	ünlü, sesli	[ynly], [sesli]
consoante (f)	ünsüz, sessiz	[ynsyz], [sessiz]
frase (f)	cümle	[dʒymle]
sujeito (m)	özne	[øzne]
predicado (m)	yüklem	[juklem]
linha (f)	satır	[satır]
em uma nova linha	yeni satırdan	[jeni satırdan]
parágrafo (m)	paragraf	[paragraf]
palavra (f)	söz, kelime	[søz], [kelime]
grupo (m) de palavras	kelime grubu	[kelime grubu]
expressão (f)	deyim, ifade	[dejim], [ifade]
sinónimo (m)	eşanlamlı sözcük	[eʃanlamlı søzdʒyk]
antónimo (m)	karşıt anlamlı sözcük	[karʃıt anlamlı søzdʒyk]
regra (f)	kural	[kural]
exceção (f)	istisna	[istisna]
correto	doğru	[dooru]
conjugação (f)	fiil çekimi	[fi:il tʃekimi]
declinação (f)	isim çekimi	[isim tʃekimi]
caso (m)	hal	[hal]
pergunta (f)	soru	[soru]
sublinhar (vt)	altını çizmek	[altını tʃizmek]
linha (f) pontilhada	noktalar	[noktalar]

98. Línguas estrangeiras

língua (f)	dil	[dil]
estrangeiro	yabancı	[jabandʒı]
língua (f) estrangeira	yabancı dil	[jabandʒı dil]
estudar (vt)	öğrenim görmek	[ø:renim gørmek]
aprender (vt)	öğrenmek	[ø:renmek]
ler (vt)	okumak	[okumak]
falar (vi)	konuşmak	[konuʃmak]
compreender (vt)	anlamak	[anlamak]
escrever (vt)	yazmak	[jazmak]
rapidamente	çabuk	[tʃabuk]
devagar	yavaş	[javaʃ]
fluentemente	akıcı bir şekilde	[akıdʒı bir ʃekilde]
regras (f pl)	kurallar	[kurallar]
gramática (f)	gramer	[gramer]
vocabulário (m)	kelime hazinesi	[kelime hazinesi]

fonética (f)	fonetik	[fonetik]
manual (m) escolar	ders kitabı	[ders kitabı]
dicionário (m)	sözlük	[søzlyk]
manual (m) de autoaprendizagem	öz eğitim rehberi	[øz eitim rehberi]
guia (m) de conversação	konuşma kılavuzu	[konuʃma kılavuzu]
cassete (f)	kaset	[kaset]
vídeo cassete (m)	videokaset	[videokaset]
CD (m)	CD	[sidi]
DVD (m)	DVD	[dividi]
alfabeto (m)	alfabe	[alfabe]
soletrar (vt)	hecelemek	[hedʒelemek]
pronúncia (f)	telâffuz	[telaffyz]
sotaque (m)	aksan	[aksan]
com sotaque	aksan ile	[aksan ile]
sem sotaque	aksansız	[aksansız]
palavra (f)	kelime	[kelime]
sentido (m)	mana	[mana]
cursos (m pl)	kurslar	[kurslar]
inscrever-se (vr)	yazılmak	[jazılmak]
professor (m)	öğretmen	[ø:retmen]
tradução (processo)	çeviri	[tʃeviri]
tradução (texto)	tercüme	[terdʒyme]
tradutor (m)	çevirmen	[tʃevirmen]
intérprete (m)	tercüman	[terdʒyman]
poliglota (m)	birçok dil bilen	[birtʃok dil bilen]
memória (f)	hafıza	[hafıza]

Descanso. Entretenimento. Viagens

99. Viagens

turismo (m)	turizm	[turizm]
turista (m)	turist	[turist]
viagem (f)	seyahat	[sejahat]
aventura (f)	macera	[madʒera]
viagem (f)	gezi	[gezi]
férias (f pl)	izin	[izin]
estar de férias	izinli olmak	[izinli olmak]
descanso (m)	istirahat	[istirahat]
comboio (m)	tren	[tren]
de comboio (chegar ~)	trenle	[trenle]
avião (m)	uçak	[utʃak]
de avião	uçakla	[utʃakla]
de carro	arabayla	[arabajla]
de navio	gemide	[gemide]
bagagem (f)	bagaj	[bagaʒ]
mala (f)	bavul	[bavul]
carrinho (m)	bagaj arabası	[bagaʒ arabası]
passaporte (m)	pasaport	[pasaport]
visto (m)	vize	[vize]
bilhete (m)	bilet	[bilet]
bilhete (m) de avião	uçak bileti	[utʃak bileti]
guia (m) de viagem	rehber	[rehber]
mapa (m)	harita	[harita]
local (m), area (f)	alan	[alan]
lugar, sítio (m)	yer	[jer]
exotismo (m)	egzotik	[ekzotik]
exótico	egzotik	[ekzotik]
surpreendente	şaşırtıcı	[ʃaʃırtıdʒı]
grupo (m)	grup	[grup]
excursão (f)	gezi	[gezi]
guia (m)	rehber	[rehber]

100. Hotel

hotel (m)	otel	[otel]
motel (m)	motel	[motel]
três estrelas	üç yıldızlı	[ytʃ jıldızlı]

cinco estrelas	beş yıldızlı	[beʃ jıldızlı]
ficar (~ num hotel)	kalmak	[kalmak]
quarto (m)	oda	[oda]
quarto (m) individual	tek kişilik oda	[tek kiʃilik oda]
quarto (m) duplo	iki kişilik oda	[iki kiʃilik oda]
reservar um quarto	oda ayırtmak	[oda aırtmak]
meia pensão (f)	yarım pansiyon	[jarım pansjon]
pensão (f) completa	tam pansiyon	[tam pansjon]
com banheira	banyolu	[banjolu]
com duche	duşlu	[duʃlu]
televisão (m) satélite	uydu televizyonu	[ujdu televizjonu]
ar (m) condicionado	klima	[klima]
toalha (f)	havlu	[havlu]
chave (f)	anahtar	[anahtar]
administrador (m)	idareci	[idaredʒi]
camareira (f)	hizmetçi	[hizmetʃi]
bagageiro (m)	hamal	[hamal]
porteiro (m)	kapıcı	[kapıdʒı]
restaurante (m)	restoran	[restoran]
bar (m)	bar	[bar]
pequeno-almoço (m)	kahvaltı	[kahvaltı]
jantar (m)	akşam yemeği	[akʃam jemei]
buffet (m)	açık büfe	[atʃık byfe]
hall (m) de entrada	lobi	[lobi]
elevador (m)	asansör	[asansør]
NÃO PERTURBE	RAHATSIZ ETMEYIN	[rahatsız etmejin]
PROIBIDO FUMAR!	SİGARA İÇİLMEZ	[sigara itʃilmez]

EQUIPAMENTO TÉCNICO. TRANSPORTES

Equipamento técnico. Transportes

101. Computador

computador (m)	bilgisayar	[bilgisajar]
portátil (m)	dizüstü bilgisayar	[dizysty bilgisajar]
ligar (vt)	açmak	[atʃmak]
desligar (vt)	kapatmak	[kapatmak]
teclado (m)	klavye	[klavje]
tecla (f)	tuş	[tuʃ]
rato (m)	fare	[fare]
tapete (m) de rato	fare altlığı	[fare altlı:ı]
botão (m)	tuş	[tuʃ]
cursor (m)	fare imleci	[fare imledʒi]
monitor (m)	monitör	[monitør]
ecrã (m)	ekran	[ekran]
disco (m) rígido	sabit disk	[sabit disk]
capacidade (f) do disco rígido	sabit disk hacmi	[sabit disk hadʒmi]
memória (f)	bellek	[bellek]
memória RAM (f)	RAM belleği	[ram bellei]
ficheiro (m)	dosya	[dosja]
pasta (f)	klasör	[klasør]
abrir (vt)	açmak	[atʃmak]
fechar (vt)	kapatmak	[kapatmak]
guardar (vt)	kaydetmek	[kajdetmek]
apagar, eliminar (vt)	silmek	[silmek]
copiar (vt)	kopyalamak	[kopjalamak]
ordenar (vt)	sıralamak	[sıralamak]
copiar (vt)	kopyalamak	[kopjalamak]
programa (m)	program	[program]
software (m)	yazılım	[jazılım]
programador (m)	programcı	[programdʒı]
programar (vt)	program yapmak	[program japmak]
hacker (m)	hekır	[hekır]
senha (f)	parola	[parola]
vírus (m)	virüs	[virys]
detetar (vt)	tespit etmek, bulmak	[tespit etmek], [bulmak]
byte (m)	bayt	[bajt]

megabyte (m)	megabayt	[megabajt]
dados (m pl)	veri, data	[veri], [data]
base (f) de dados	veritabanı	[veritabanı]
cabo (m)	kablo	[kablo]
desconectar (vt)	bağlantıyı kesmek	[baalantıi kesmek]
conetar (vt)	bağlamak	[baalamak]

102. Internet. E-mail

internet (f)	internet	[internet]
browser (m)	gözatıcı	[gøzatidʒı]
motor (m) de busca	arama motoru	[arama motoru]
provedor (m)	Internet sağlayıcı	[internet saalaıdʒı]
webmaster (m)	Web master	[veb master]
website, sítio web (m)	internet sitesi	[internet sitesi]
página (f) web	internet sayfası	[internet sajfası]
endereço (m)	adres	[adres]
livro (m) de endereços	adres defteri	[adres defteri]
caixa (f) de correio	posta kutusu	[posta kutusu]
correio (m)	posta	[posta]
mensagem (f)	mesaj	[mesaʒ]
mensagens (f pl) recebidas	gelen mesajlar	[gelen mesajlar]
mensagens (f pl) enviadas	giden mesajlar	[giden mesajlar]
remetente (m)	gönderen	[gønderen]
enviar (vt)	göndermek	[gøndermek]
envio (m)	gönderme	[gønderme]
destinatário (m)	alıcı	[alıdʒı]
receber (vt)	almak	[almak]
correspondência (f)	yazışma	[jazıʃma]
corresponder-se (vr)	yazışmak	[jazıʃmak]
ficheiro (m)	dosya	[dosja]
fazer download, baixar	indirmek	[indirmek]
criar (vt)	oluşturmak	[oluʃturmak]
apagar, eliminar (vt)	silmek	[silmek]
eliminado	silinmiş	[silinmiʃ]
conexão (f)	bağlantı	[baalantı]
velocidade (f)	hız	[hız]
modem (m)	modem	[modem]
acesso (m)	erişim	[eriʃim]
porta (f)	port, giriş yeri	[port], [giriʃ jeri]
conexão (f)	bağlantı	[baalantı]
conetar (vi)	... bağlanmak	[baalanmak]
escolher (vt)	seçmek	[setʃmek]
buscar (vt)	aramak	[aramak]

103. Eletricidade

eletricidade (f)	elektrik	[elektrik]
elétrico	elektrik, elektrikli	[elektrik], [elektrikli]
central (f) elétrica	elektrik istasyonu	[elektrik istasjonu]
energia (f)	enerji	[enerʒi]
energia (f) elétrica	elektrik enerjisi	[elektrik enerʒisi]
lâmpada (f)	ampul	[ampul]
lanterna (f)	fener	[fener]
poste (m) de iluminação	sokak lambası	[sokak lambası]
luz (f)	ışık	[ıʃık]
ligar (vt)	açmak	[atʃmak]
desligar (vt)	kapatmak	[kapatmak]
apagar a luz	ışıkları kapatmak	[ıʃıkları kapatmak]
fundir (vi)	yanıp bitmek	[janıp bitmek]
curto-circuito (m)	kısa devre	[kısa devre]
rutura (f)	kopuk tel	[kopuk tel]
contacto (m)	kontak	[kontak]
interruptor (m)	elektrik düğmesi	[elektrik dyjmesi]
tomada (f)	priz	[priz]
ficha (f)	fiş	[fiʃ]
extensão (f)	uzatma kablosu	[uzatma kablosu]
fusível (m)	sigorta	[sigorta]
fio, cabo (m)	tel	[tel]
instalação (f) elétrica	elektrik hatları	[elektrik hatları]
ampere (m)	amper	[amper]
amperagem (f)	akim yeginligi	[akim jeginligi]
volt (m)	volt	[volt]
voltagem (f)	gerilim	[gerilim]
aparelho (m) elétrico	elektrikli alet	[elektrikli alet]
indicador (m)	indikatör	[indikatør]
eletricista (m)	elektrikçi	[elektriktʃi]
soldar (vt)	lehimlemek	[lehimlemek]
ferro (m) de soldar	lehim aleti	[lehim aletı]
corrente (f) elétrica	akım, cereyan	[akım], [dʒerejan]

104. Ferramentas

ferramenta (f)	alet	[alet]
ferramentas (f pl)	aletler	[aletler]
equipamento (m)	ekipman	[ekipman]
martelo (m)	çekiç	[tʃekitʃ]
chave (f) de fendas	tornavida	[tornavida]
machado (m)	balta	[balta]

serra (f)	testere	[testere]
serrar (vt)	testere ile kesmek	[testere ile kesmek]
plaina (f)	rende	[rende]
aplainar (vt)	rendelemek	[rendelemek]
ferro (m) de soldar	lehim aleti	[lehim aletı]
soldar (vt)	lehimlemek	[lehimlemek]
lima (f)	eğe	[eje]
tenaz (f)	kerpeten	[kerpeten]
alicate (m)	pense	[pense]
formão (m)	keski	[keski]
broca (f)	matkap ucu	[matkap udʒu]
berbequim (f)	elektrikli matkap	[elektrikli matkap]
furar (vt)	delmek	[delmek]
faca (f)	bıçak	[bɪtʃak]
canivete (m)	çakı	[tʃakɪ]
lâmina (f)	ağız	[aɪz]
afiado	sivri, keskin	[sivri], [keskin]
cego	kör	[kør]
embotar-se (vr)	körleşmek	[kørleʃmek]
afiar, amolar (vt)	keskinleştirmek	[keskinleʃtirmek]
parafuso (m)	cıvata	[dʒɪvata]
porca (f)	somun	[somun]
rosca (f)	vida dişi	[vida diʃi]
parafuso (m) para madeira	vida	[vida]
prego (m)	çivi	[tʃivi]
cabeça (f) do prego	çivi başı	[tʃivi baʃɪ]
régua (f)	cetvel	[dʒetvel]
fita (f) métrica	şerit metre	[ʃerit metre]
nível (m)	su terazisi	[su terazisi]
lupa (f)	büyüteç	[byjutetʃ]
medidor (m)	ölçme aleti	[øltʃme aleti]
medir (vt)	ölçmek	[øltʃmek]
escala (f)	skala, ölçek	[skala], [øltʃek]
indicação (f), registo (m)	gösterge değeri	[gøsterge deeri]
compressor (m)	kompresör	[kompresør]
microscópio (m)	mikroskop	[mikroskop]
bomba (f)	pompa	[pompa]
robô (m)	robot	[robot]
laser (m)	lazer	[lazer]
chave (f) de boca	somun anahtarı	[somun anahtarı]
fita (f) adesiva	koli bantı	[koli bantı]
cola (f)	yapıştırıcı	[japɪʃtɪrɪdʒɪ]
lixa (f)	zımpara	[zɪmpara]
mola (f)	yay	[jaj]

Português	Turco	Pronúncia
íman (m)	mıknatıs	[mıknatıs]
luvas (f pl)	eldiven	[eldiven]
corda (f)	ip	[ip]
cordel (m)	kordon, ip	[kordon], [ip]
fio (m)	tel	[tel]
cabo (m)	kablo	[kablo]
marreta (f)	varyos	[varjos]
pé de cabra (m)	levye	[levje]
escada (f) de mão	merdiven	[merdiven]
escadote (m)	dayama merdiven	[dajama merdiven]
enroscar (vt)	sıkıştırmak	[sıkıʃtırmak]
desenroscar (vt)	sökmek	[søkmek]
apertar (vt)	sıkıştırmak	[sıkıʃtırmak]
colar (vt)	yapıştırmak	[japıʃtırmak]
cortar (vt)	kesmek	[kesmek]
falha (mau funcionamento)	arıza	[arıza]
conserto (m)	tamirat	[tamirat]
consertar, reparar (vt)	tamir etmek	[tamir etmek]
regular, ajustar (vt)	ayarlamak	[ajarlamak]
verificar (vt)	kontrol etmek	[kontrol etmek]
verificação (f)	kontrol, deneme	[kontrol], [deneme]
indicação (f), registo (m)	gösterge değeri	[gøsterge deeri]
seguro	sağlam	[saalam]
complicado	karmaşık	[karmaʃık]
enferrujar (vi)	paslanmak	[paslanmak]
enferrujado	paslanmış	[paslanmıʃ]
ferrugem (f)	pas	[pas]

Transportes

105. Avião

avião (m)	uçak	[utʃak]
bilhete (m) de avião	uçak bileti	[utʃak bileti]
companhia (f) aérea	hava yolları şirketi	[hava jolları ʃirketi]
aeroporto (m)	havaalanı	[havaalanı]
supersónico	sesüstü	[sesysty]
comandante (m) do avião	kaptan pilot	[kaptan pilot]
tripulação (f)	ekip	[ekip]
piloto (m)	pilot	[pilot]
hospedeira (f) de bordo	hostes	[hostes]
copiloto (m)	seyrüseferci	[sejryseferdʒi]
asas (f pl)	kanatlar	[kanatlar]
cauda (f)	kuyruk	[kujruk]
cabine (f) de pilotagem	kabin	[kabin]
motor (m)	motor	[motor]
trem (m) de aterragem	iniş takımı	[iniʃ takımı]
turbina (f)	türbin	[tyrbin]
hélice (f)	pervane	[pervane]
caixa-preta (f)	kara kutu	[kara kutu]
coluna (f) de controlo	kumanda kolu	[kumanda kolu]
combustível (m)	yakıt	[jakıt]
instruções (f pl) de segurança	güvenlik kartı	[gyvenlik kartı]
máscara (f) de oxigénio	oksijen maskesi	[oksiʒen maskesi]
uniforme (m)	üniforma	[yniforma]
colete (m) salva-vidas	can yeleği	[dʒan jelei]
paraquedas (m)	paraşüt	[paraʃyt]
descolagem (f)	kalkış	[kalkıʃ]
descolar (vi)	kalkmak	[kalkmak]
pista (f) de descolagem	kalkış pisti	[kalkıʃ pisti]
visibilidade (f)	görüş	[gøryʃ]
voo (m)	uçuş	[utʃuʃ]
altura (f)	yükseklik	[jukseklik]
poço (m) de ar	hava boşluğu	[hava boʃluu]
assento (m)	yer	[jer]
auscultadores (m pl)	kulaklık	[kulaklık]
mesa (f) rebatível	katlanır tepsi	[katlanır tepsi]
vigia (f)	pencere	[pendʒere]
passagem (f)	koridor	[koridor]

106. Comboio

comboio (m)	tren	[tren]
comboio (m) suburbano	elektrikli tren	[elektrikli tren]
comboio (m) rápido	hızlı tren	[hızlı tren]
locomotiva (f) diesel	dizel lokomotifi	[dizel lokomotifi]
locomotiva (f) a vapor	buharlı lokomotif	[buharlı lokomotif]
carruagem (f)	vagon	[vagon]
carruagem restaurante (f)	vagon restoran	[vagon restoran]
carris (m pl)	ray	[raj]
caminho de ferro (m)	demir yolu	[demir jolu]
travessa (f)	travers	[travers]
plataforma (f)	peron	[peron]
linha (f)	yol	[jol]
semáforo (m)	semafor	[semafor]
estação (f)	istasyon	[istasjon]
maquinista (m)	makinist	[makinist]
bagageiro (m)	hamal	[hamal]
hospedeiro, -a (da carruagem)	kondüktör	[kondyktør]
passageiro (m)	yolcu	[joldʒu]
revisor (m)	kondüktör	[kondyktør]
corredor (m)	koridor	[koridor]
freio (m) de emergência	imdat freni	[imdat freni]
compartimento (m)	kompartıman	[kompartıman]
cama (f)	yatak	[jatak]
cama (f) de cima	üst yatak	[yst jatak]
cama (f) de baixo	alt yatak	[alt jatak]
roupa (f) de cama	yatak takımı	[jatak takımı]
bilhete (m)	bilet	[bilet]
horário (m)	tarife	[tarife]
painel (m) de informação	sefer tarifesi	[sefer tarifesi]
partir (vt)	kalkmak	[kalkmak]
partida (f)	kalkış	[kalkıʃ]
chegar (vi)	varmak	[varmak]
chegada (f)	varış	[varıʃ]
chegar de comboio	trenle gelmek	[trenle gelmek]
apanhar o comboio	trene binmek	[trene binmek]
sair do comboio	trenden inmek	[trenden inmek]
acidente (m) ferroviário	tren enkazı	[tren enkazı]
descarrilar (vi)	raydan çıkmak	[rajdan tʃıkmak]
locomotiva (f) a vapor	buharlı lokomotif	[buharlı lokomotif]
fogueiro (m)	ocakçı	[odʒaktʃı]
fornalha (f)	ocak	[odʒak]
carvão (m)	kömür	[kømyr]

107. Barco

navio (m)	gemi	[gemi]
embarcação (f)	tekne	[tekne]
vapor (m)	vapur	[vapur]
navio (m)	dizel motorlu gemi	[dizel motorlu gemi]
transatlântico (m)	büyük gemi	[byjuk gemi]
cruzador (m)	kruvazör	[kruvazør]
iate (m)	yat	[jat]
rebocador (m)	römorkör	[rømorkør]
barcaça (f)	yük dubası	[juk dubası]
ferry (m)	feribot	[feribot]
veleiro (m)	yelkenli gemi	[jelkenli gemi]
bergantim (m)	gulet	[gulet]
quebra-gelo (m)	buzkıran	[buzkıran]
submarino (m)	denizaltı	[denizaltı]
bote, barco (m)	kayık	[kajık]
bote, dingue (m)	filika	[filika]
bote (m) salva-vidas	cankurtaran filikası	[dʒankurtaran filikası]
lancha (f)	sürat teknesi	[syrat teknesi]
capitão (m)	kaptan	[kaptan]
marinheiro (m)	tayfa	[tajfa]
marujo (m)	denizci	[denizdʒi]
tripulação (f)	mürettebat	[myrettebat]
contramestre (m)	lostromo	[lostromo]
grumete (m)	miço	[mitʃo]
cozinheiro (m) de bordo	gemi aşçısı	[gemi aʃtʃısı]
médico (m) de bordo	gemi doktoru	[gemi doktoru]
convés (m)	güverte	[gyverte]
mastro (m)	direk	[direk]
vela (f)	yelken	[jelken]
porão (m)	ambar	[ambar]
proa (f)	geminin baş tarafı	[geminin baʃ tarafı]
popa (f)	kıç	[kıtʃ]
remo (m)	kürek	[kyrek]
hélice (f)	pervane	[pervane]
camarote (m)	kamara	[kamara]
sala (f) dos oficiais	subay yemek salonu	[subaj jemek salonu]
sala (f) das máquinas	makine dairesi	[makine dairesi]
ponte (m) de comando	kaptan köprüsü	[kaptan køprysy]
sala (f) de comunicações	telsiz odası	[telsiz odası]
onda (f) de rádio	dalga	[dalga]
diário (m) de bordo	gemi jurnali	[gemi ʒurnalı]
luneta (f)	tek dürbün	[tek dyrbyn]
sino (m)	çan	[tʃan]

bandeira (f)	bayrak	[bajrak]
cabo (m)	halat	[halat]
nó (m)	düğüm	[dyjum]
corrimão (m)	vardavela	[vardavela]
prancha (f) de embarque	iskele	[iskele]
âncora (f)	çapa, demir	[ʧapa], [demir]
recolher a âncora	demir almak	[demir almak]
lançar a âncora	demir atmak	[demir atmak]
amarra (f)	çapa zinciri	[ʧapa zindʒiri]
porto (m)	liman	[liman]
cais, amarradouro (m)	iskele, rıhtım	[iskele], [rıhtım]
atracar (vi)	yanaşmak	[janaʃmak]
desatracar (vi)	iskeleden ayrılmak	[iskeleden ajrılmak]
viagem (f)	seyahat	[sejahat]
cruzeiro (m)	gemi turu	[gemi turu]
rumo (m), rota (f)	seyir	[sejir]
itinerário (m)	rota	[rota]
canal (m) navegável	seyir koridoru	[sejir koridoru]
banco (m) de areia	sığlık	[sıːılık]
encalhar (vt)	karaya oturmak	[karaja oturmak]
tempestade (f)	fırtına	[fırtına]
sinal (m)	sinyal	[sinjal]
afundar-se (vr)	batmak	[batmak]
Homem ao mar!	denize adam düştü	[denize adam dyʃty]
SOS	SOS	[es o es]
boia (f) salva-vidas	can simidi	[dʒan simidi]

108. Aeroporto

aeroporto (m)	havaalanı	[havaalanı]
avião (m)	uçak	[utʃak]
companhia (f) aérea	hava yolları şirketi	[hava jolları ʃirketi]
controlador (m) de tráfego aéreo	hava trafik kontrolörü	[hava trafik kontroløry]
partida (f)	kalkış	[kalkıʃ]
chegada (f)	varış	[varıʃ]
chegar (~ de avião)	varmak	[varmak]
hora (f) de partida	kalkış saati	[kalkıʃ saati]
hora (f) de chegada	iniş saati	[iniʃ saati]
estar atrasado	gecikmek	[gedʒikmek]
atraso (m) de voo	gecikme	[gedʒikme]
painel (m) de informação	bilgi panosu	[bilgi panosu]
informação (f)	danışma	[danıʃma]
anunciar (vt)	anons etmek	[anons etmek]

voo (m)	uçuş, sefer	[utʃuʃ], [sefer]
alfândega (f)	gümrük	[gymryk]
funcionário (m) da alfândega	gümrükçü	[gymryktʃu]
declaração (f) alfandegária	gümrük beyannamesi	[gymryk bejannamesi]
preencher (vt)	doldurmak	[doldurmak]
preencher a declaração	beyanname doldurmak	[bejanname doldurmak]
controlo (m) de passaportes	pasaport kontrol	[pasaport kontrol]
bagagem (f)	bagaj	[bagaʒ]
bagagem (f) de mão	el bagajı	[el bagaʒı]
carrinho (m)	bagaj arabası	[bagaʒ arabası]
aterragem (f)	iniş	[iniʃ]
pista (f) de aterragem	iniş pisti	[iniʃ pisti]
aterrar (vi)	inmek	[inmek]
escada (f) de avião	uçak merdiveni	[utʃak merdiveni]
check-in (m)	check-in	[tʃek in]
balcão (m) do check-in	kontuar check-in	[kontuar tʃek in]
fazer o check-in	check-in yapmak	[tʃek in japmak]
cartão (m) de embarque	biniş kartı	[biniʃ kartı]
porta (f) de embarque	çıkış kapısı	[tʃıkıʃ kapısı]
trânsito (m)	transit	[transit]
esperar (vi, vt)	beklemek	[beklemek]
sala (f) de espera	bekleme salonu	[bekleme salonu]
despedir-se de ...	yolcu etmek	[joldʒu etmek]
despedir-se (vr)	vedalaşmak	[vedalaʃmak]

Eventos

109. Férias. Evento

festa (f)	bayram	[bajram]
festa (f) nacional	ulusal bayram	[ulusal bajram]
feriado (m)	bayram günü	[bajram gyny]
festejar (vt)	onurlandırmak	[onurlandırmak]
evento (festa, etc.)	olay	[olaj]
evento (banquete, etc.)	olay	[olaj]
banquete (m)	ziyafet	[zijafet]
receção (f)	kabul töreni	[kabul tøreni]
festim (m)	şölen	[ʃølen]
aniversário (m)	yıldönümü	[jıldønymy]
jubileu (m)	jübile	[ʒybile]
celebrar (vt)	kutlamak	[kutlamak]
Ano (m) Novo	Yıl başı	[jıl baʃı]
Feliz Ano Novo!	Mutlu yıllar!	[mutlu jıllar]
Natal (m)	Noel	[noel]
Feliz Natal!	Mutlu Noeller!	[mutlu noeller]
árvore (f) de Natal	Yılbaşı ağacı	[jılbaʃı aadʒı]
fogo (m) de artifício	havai fişek	[havai fiʃek]
boda (f)	düğün	[dyjun]
noivo (m)	nişanlı	[niʃanlı]
noiva (f)	gelin	[gelin]
convidar (vt)	davet etmek	[davet etmek]
convite (m)	davetiye	[davetije]
convidado (m)	davetli	[davetli]
visitar (vt)	ziyaret etmek	[zijaret etmek]
receber os hóspedes	misafirleri karşılamak	[misafirleri karʃılamak]
presente (m)	hediye	[hedije]
oferecer (vt)	vermek	[vermek]
receber presentes	hediye almak	[hedije almak]
ramo (m) de flores	demet	[demet]
felicitações (f pl)	tebrikler	[tebrikler]
felicitar (dar os parabéns)	tebrik etmek	[tebrik etmek]
cartão (m) de parabéns	tebrik kartı	[tebrik kartı]
enviar um postal	tebrik kartı göndermek	[tebrik kartı gøndermek]
receber um postal	tebrik kartı almak	[tebrik kartı almak]
brinde (m)	kadeh kaldırma	[kadeh kaldırma]

oferecer (vt)	ikram etmek	[ikram etmek]
champanhe (m)	şampanya	[ʃampanja]
divertir-se (vr)	eğlenmek	[eelenmek]
diversão (f)	neşe	[neʃe]
alegria (f)	neşe, sevinç	[neʃe], [sevintʃ]
dança (f)	dans	[dans]
dançar (vi)	dans etmek	[dans etmek]
valsa (f)	vals	[vals]
tango (m)	tango	[tango]

110. Funerais. Enterro

cemitério (m)	mezarlık	[mezarlık]
sepultura (f), túmulo (m)	mezar	[mezar]
cruz (f)	haç	[hatʃ]
lápide (f)	mezar taşı	[mezar taʃı]
cerca (f)	çit	[tʃit]
capela (f)	ibadet yeri	[ibadet jeri]
morte (f)	ölüm	[ølym]
morrer (vi)	ölmek	[ølmek]
defunto (m)	ölü	[øly]
luto (m)	yas	[jas]
enterrar, sepultar (vt)	gömmek	[gømmek]
agência (f) funerária	cenaze evi	[dʒenaze evi]
funeral (m)	cenaze	[dʒenaze]
coroa (f) de flores	çelenk	[tʃelenk]
caixão (m)	tabut	[tabut]
carro (m) funerário	cenaze arabası	[dʒenaze arabası]
mortalha (f)	kefen	[kefen]
procissão (f) funerária	cenaze alayı	[dʒenaze alajı]
urna (f) funerária	kül kabı	[kyl kabı]
crematório (m)	krematoryum	[krematorjum]
obituário (m), necrologia (f)	anma yazısı	[anma jazısı]
chorar (vi)	ağlamak	[aalamak]
soluçar (vi)	hıçkırarak ağlamak	[hıtʃkırarak aalamak]

111. Guerra. Soldados

pelotão (m)	takım	[takım]
companhia (f)	bölük	[bølyk]
regimento (m)	alay	[alaj]
exército (m)	ordu	[ordu]
divisão (f)	tümen	[tymen]
destacamento (m)	müfreze	[myfreze]

hoste (f)	ordu	[ordu]
soldado (m)	asker	[asker]
oficial (m)	subay	[subaj]
soldado (m) raso	er	[er]
sargento (m)	çavuş	[ʧavuʃ]
tenente (m)	teğmen	[teemen]
capitão (m)	yüzbaşı	[juzbaʃı]
major (m)	binbaşı	[binbaʃı]
coronel (m)	albay	[albaj]
general (m)	general	[general]
marujo (m)	denizci	[denizdʒi]
capitão (m)	yüzbaşı	[juzbaʃı]
contramestre (m)	lostromo	[lostromo]
artilheiro (m)	topçu askeri	[topʧu askeri]
soldado (m) paraquedista	paraşütçü asker	[paraʃytʧy asker]
piloto (m)	pilot	[pilot]
navegador (m)	seyrüseferci	[sejryseferdʒi]
mecânico (m)	mekanik teknisyen	[mekanik teknisjen]
sapador (m)	istihkam eri	[istihkam eri]
paraquedista (m)	paraşütçü	[paraʃytʧy]
explorador (m)	keşif eri	[keʃif eri]
franco-atirador (m)	keskin nişancı	[keskin niʃandʒı]
patrulha (f)	devriye	[devrije]
patrulhar (vt)	devriye gezmek	[devrije gezmek]
sentinela (f)	nöbetçi	[nøbetʧi]
guerreiro (m)	savaşçı	[savaʃʧı]
patriota (m)	vatansever	[vatansever]
herói (m)	kahraman	[kahraman]
heroína (f)	kadın kahraman	[kadın kahraman]
traidor (m)	hain	[hain]
trair (vt)	ihanet etmek	[ihanet etmek]
desertor (m)	asker kaçağı	[asker katʃaı]
desertar (vt)	askerlikten kaçmak	[askerliktan katʃmak]
mercenário (m)	paralı asker	[paralı asker]
recruta (m)	acemi er	[adʒemi er]
voluntário (m)	gönüllü	[gønylly]
morto (m)	ölü	[øly]
ferido (m)	yaralı	[jaralı]
prisioneiro (m) de guerra	savaş esiri	[savaʃ esiri]

112. Guerra. Ações militares. Parte 1

guerra (f)	savaş	[savaʃ]
guerrear (vt)	savaşmak	[savaʃmak]
guerra (f) civil	iç savaş	[iʧ savaʃ]

perfidamente	haince	[haindʒe]
declaração (f) de guerra	savaş ilanı	[savaʃ ilanı]
declarar (vt) guerra	ilan etmek	[ilan etmek]
agressão (f)	saldırı	[saldırı]
atacar (vt)	saldırmak	[saldırmak]
invadir (vt)	işgal etmek	[iʃgal etmek]
invasor (m)	işgalci	[iʃgaldʒi]
conquistador (m)	fatih	[fatih]
defesa (f)	savunma	[savunma]
defender (vt)	savunmak	[savunmak]
defender-se (vr)	kendini savunmak	[kendini savunmak]
inimigo, adversário (m)	düşman	[dyʃman]
inimigo	düşman	[dyʃman]
estratégia (f)	strateji	[strateʒi]
tática (f)	taktik	[taktik]
ordem (f)	emir	[emir]
comando (m)	komut	[komut]
ordenar (vt)	emretmek	[emretmek]
missão (f)	görev	[gørev]
secreto	gizli	[gizli]
batalha (f)	muharebe	[muharebe]
combate (m)	savaş	[savaʃ]
ataque (m)	saldırı	[saldırı]
assalto (m)	hücum	[hydʒum]
assaltar (vt)	hücum etmek	[hydʒum etmek]
assédio, sítio (m)	kuşatma	[kuʃatma]
ofensiva (f)	taarruz	[taarruz]
passar à ofensiva	taarruz etmek	[taarruz etmek]
retirada (f)	çekilme	[tʃekilme]
retirar-se (vr)	çekilmek	[tʃekilmek]
cerco (m)	çembere alma	[tʃembere alma]
cercar (vt)	çember içine almak	[tʃember itʃine almak]
bombardeio (m)	bombardıman	[bombardıman]
lançar uma bomba	bomba atmak	[bomba atmak]
bombardear (vt)	bombalamak	[bombalamak]
explosão (f)	patlama	[patlama]
tiro (m)	atış	[atıʃ]
disparar um tiro	atış yapmak	[atıʃ japmak]
tiroteio (m)	ateşleme	[ateʃleme]
apontar para ...	... nişan almak	[niʃan almak]
apontar (vt)	doğrultmak	[doorultmak]
acertar (vt)	isabet etmek	[isabet etmek]
afundar (um navio)	batırmak	[batırmak]

brecha (f)	delik	[delik]
afundar-se (vr)	batmak	[batmak]
frente (m)	cephe	[dʒephe]
evacuação (f)	tahliye	[tahlije]
evacuar (vt)	tahliye etmek	[tahlije etmek]
trincheira (f)	siper	[siper]
arame (m) farpado	dikenli tel	[dikenli tel]
obstáculo (m) anticarro	bariyer	[barijer]
torre (f) de vigia	kule	[kule]
hospital (m)	askeri hastane	[askeri hastane]
ferir (vt)	yaralamak	[jaralamak]
ferida (f)	yara	[jara]
ferido (m)	yaralı	[jaralı]
ficar ferido	yara almak	[jara almak]
grave (ferida ~)	ciddi	[dʒiddi]

113. Guerra. Ações militares. Parte 2

cativeiro (m)	esaret	[esaret]
capturar (vt)	esir almak	[esir almak]
estar em cativeiro	esir olmak	[esir olmak]
ser aprisionado	esir düşmek	[esir dyʃmek]
campo (m) de concentração	toplanma kampı	[toplanma kampı]
prisioneiro (m) de guerra	savaş esiri	[savaʃ esiri]
escapar (vi)	kaçmak	[katʃmak]
trair (vt)	ihanet etmek	[ihanet etmek]
traidor (m)	ihanet eden	[ihanet eden]
traição (f)	ihanet	[ihanet]
fuzilar, executar (vt)	kurşuna dizmek	[kurʃuna dizmek]
fuzilamento (m)	idam	[idam]
equipamento (m)	askeri elbise	[askeri elbise]
platina (f)	apolet	[apolet]
máscara (f) antigás	gaz maskesi	[gaz maskesi]
rádio (m)	telsiz	[telsiz]
cifra (f), código (m)	şifre	[ʃifre]
conspiração (f)	gizlilik	[gizlilik]
senha (f)	parola	[parola]
mina (f)	mayın	[majın]
minar (vt)	mayınlamak	[majınlamak]
campo (m) minado	mayın tarlası	[majın tarlası]
alarme (m) aéreo	hava tehlike işareti	[hava tehlike iʃareti]
alarme (m)	alarm	[alarm]
sinal (m)	işaret	[iʃaret]
sinalizador (m)	işaret fişeği	[iʃaret fiʃei]

estado-maior (m)	karargah	[karargah]
reconhecimento (m)	keşif	[keʃif]
situação (f)	durum	[durum]
relatório (m)	rapor	[rapor]
emboscada (f)	pusu	[pusu]
reforço (m)	takviye	[takvije]
alvo (m)	hedef	[hedef]
campo (m) de tiro	poligon	[poligon]
manobras (f pl)	manevralar	[manevralar]
pânico (m)	panik	[panik]
devastação (f)	yıkım	[jıkım]
ruínas (f pl)	harabe	[harabe]
destruir (vt)	yıkmak	[jıkmak]
sobreviver (vi)	hayatta kalmak	[hajatta kalmak]
desarmar (vt)	silahsızlandırmak	[silah sızlandırmak]
manusear (vt)	kullanmak	[kullanmak]
Firmes!	Hazır ol!	[hazır ol]
Descansar!	Rahat!	[rahat]
façanha (f)	kahramanlık	[kahramanlık]
juramento (m)	yemin	[jemin]
jurar (vi)	yemin etmek	[jemin etmek]
condecoração (f)	ödül	[ødyl]
condecorar (vt)	ödül vermek	[ødyl vermek]
medalha (f)	madalya	[madalja]
ordem (f)	nişan	[niʃan]
vitória (f)	zafer	[zafer]
derrota (f)	yenilgi	[jenilgi]
armistício (m)	ateşkes	[ateʃkes]
bandeira (f)	bayrak	[bajrak]
glória (f)	şan	[ʃan]
desfile (m) militar	geçit töreni	[getʃit tøreni]
marchar (vi)	yürümek	[jurymek]

114. Armas

arma (f)	silahlar	[silahlar]
arma (f) de fogo	ateşli silah	[ateʃli silah]
arma (f) branca	çelik kılıç	[tʃelik kılıtʃ]
arma (f) química	kimyasal silah	[kimjasal silah]
nuclear	nükleer	[nykleer]
arma (f) nuclear	nükleer silah	[nykleer silah]
bomba (f)	bomba	[bomba]
bomba (f) atómica	atom bombası	[atom bombası]
pistola (f)	tabanca	[tabandʒa]

caçadeira (f)	tüfek	[tyfek]
pistola-metralhadora (f)	hafif makineli tüfek	[hafif makineli tyfek]
metralhadora (f)	makineli tüfek	[makineli tyfek]
boca (f)	namlu ağzı	[namlu aazı]
cano (m)	namlu	[namlu]
calibre (m)	çap	[ʧap]
gatilho (m)	tetik	[tetik]
mira (f)	nişangah	[niʃangah]
carregador (m)	şarjör	[ʃarʒør]
coronha (f)	dipçik	[dipʧik]
granada (f) de mão	el bombası	[el bombası]
explosivo (m)	patlayıcı	[patlajıdʒı]
bala (f)	kurşun	[kurʃun]
cartucho (m)	fişek	[fiʃek]
carga (f)	şarj	[ʃarʒ]
munições (f pl)	cephane	[dʒephane]
bombardeiro (m)	bombardıman uçağı	[bombardıman uʧaı]
avião (m) de caça	avcı uçağı	[avdʒı uʧaı]
helicóptero (m)	helikopter	[helikopter]
canhão (m) antiaéreo	uçaksavar	[uʧaksavar]
tanque (m)	tank	[tank]
canhão (de um tanque)	tank topu	[tank topu]
artilharia (f)	topçu	[topʧu]
canhão (m)	top	[top]
fazer a pontaria	doğrultmak	[doorultmak]
obus (m)	mermi	[mermi]
granada (f) de morteiro	havan mermisi	[havan mermisı]
morteiro (m)	havan topu	[havan topu]
estilhaço (m)	kıymık	[kıjmık]
submarino (m)	denizaltı	[denizaltı]
torpedo (m)	torpil	[torpil]
míssil (m)	füze	[fyze]
carregar (uma arma)	doldurmak	[doldurmak]
atirar, disparar (vi)	ateş etmek	[ateʃ etmek]
apontar para ...	... nişan almak	[niʃan almak]
baioneta (f)	süngü	[syngy]
espada (f)	epe	[epe]
sabre (m)	kılıç	[kılıʧ]
lança (f)	mızrak	[mızrak]
arco (m)	yay	[jaj]
flecha (f)	ok	[ok]
mosquete (m)	misket tüfeği	[misket tyfei]
besta (f)	tatar yayı	[tatar jajı]

115. Povos da antiguidade

primitivo	ilkel	[ilkel]
pré-histórico	tarih öncesi	[tarih ønd͡ʒesi]
antigo	antik, eski	[antik], [eski]
Idade (f) da Pedra	Taş Çağı	[taʃ t͡ʃaɪ]
Idade (f) do Bronze	Bronz Çağı	[bronz t͡ʃaɪ]
período (m) glacial	Buzul Çağı	[buzul t͡ʃaɪ]
tribo (f)	kabile	[kabile]
canibal (m)	yamyam	[jam jam]
caçador (m)	avcı	[avd͡ʒɪ]
caçar (vi)	avlamak	[avlamak]
mamute (m)	mamut	[mamut]
caverna (f)	mağara	[maara]
fogo (m)	ateş	[ateʃ]
fogueira (f)	kamp ateşi	[kamp ateʃi]
pintura (f) rupestre	kaya resmi	[kaja resmi]
ferramenta (f)	aletler	[aletler]
lança (f)	mızrak	[mɪzrak]
machado (m) de pedra	taş balta	[taʃ balta]
guerrear (vt)	savaşmak	[savaʃmak]
domesticar (vt)	evcilleştirmek	[evd͡ʒilleʃtirmek]
ídolo (m)	put	[put]
adorar, venerar (vt)	tapmak	[tapmak]
superstição (f)	batıl inanç	[batıl inant͡ʃ]
ritual (m)	[töre]	[tøre]
evolução (f)	evrim	[evrim]
desenvolvimento (m)	gelişme	[geliʃme]
desaparecimento (m)	kaybolma, yok olma	[kajbolma], [jok olma]
adaptar-se (vr)	adapte olmak	[adapte olmak]
arqueologia (f)	arkeoloji	[arkeoloʒi]
arqueólogo (m)	arkeolog	[arkeolog]
arqueológico	arkeolojik	[arkeoloʒik]
local (m) das escavações	kazı yeri	[kazı jeri]
escavações (f pl)	kazı	[kazı]
achado (m)	buluntu	[buluntu]
fragmento (m)	parça	[part͡ʃa]

116. Idade média

povo (m)	millet, halk	[millet], [halk]
povos (m pl)	milletler	[milletler]
tribo (f)	kabile	[kabile]
tribos (f pl)	kabileler	[kabileler]
bárbaros (m pl)	barbarlar	[barbarlar]

gauleses (m pl)	Galyalılar	[galjalılar]
godos (m pl)	Gotlar	[gotlar]
eslavos (m pl)	Slavlar	[slavlar]
víquingues (m pl)	Vikingler	[vikingler]
romanos (m pl)	Romalılar	[romalılar]
romano	Romen	[romen]
bizantinos (m pl)	Bizanslılar	[bizanslılar]
Bizâncio	Bizans	[bizans]
bizantino	Bizanslı	[bizanslı]
imperador (m)	imparator	[imparator]
líder (m)	lider	[lider]
poderoso	kudretli	[kudretli]
rei (m)	kral	[kral]
governante (m)	ülkenin yöneticisi	[ylkenin jønetidʒisi]
cavaleiro (m)	şövalye	[ʃøvalje]
senhor feudal (m)	derebeyi	[derebeji]
feudal	feodal	[feodal]
vassalo (m)	vasal	[vasal]
duque (m)	dük	[dyk]
conde (m)	kont	[kont]
barão (m)	baron	[baron]
bispo (m)	piskopos	[piskopos]
armadura (f)	zırh	[zırh]
escudo (m)	kalkan	[kalkan]
espada (f)	kılıç	[kılıtʃ]
viseira (f)	vizör	[vizør]
cota (f) de malha	zincir zırh	[zindʒir zırh]
cruzada (f)	haçlı seferi	[hatʃlı seferi]
cruzado (m)	haçlı	[hatʃlı]
território (m)	toprak	[toprak]
atacar (vt)	saldırmak	[saldırmak]
conquistar (vt)	fethetmek	[fethetmek]
ocupar, invadir (vt)	işgal etmek	[iʃgal etmek]
assédio, sítio (m)	kuşatma	[kuʃatma]
sitiado	kuşatılmış	[kuʃatılmıʃ]
assediar, sitiar (vt)	kuşatmak	[kuʃatmak]
inquisição (f)	engizisyon	[engizisjon]
inquisidor (m)	engizisyon mahkemesi üyesi	[engizisjon mahkemesi jujesi]
tortura (f)	işkence	[iʃkendʒe]
cruel	amansız	[amansız]
herege (m)	kafir	[kafir]
heresia (f)	sapkınlık	[sapkınlık]
navegação (f) marítima	denizcilik	[denizdʒilik]
pirata (m)	korsan	[korsan]

pirataria (f)	korsanlık	[korsanlık]
abordagem (f)	mürettebatın yerini alması	[myrettebatın jerini alması]
presa (f), butim (m)	ganimet	[ganimet]
tesouros (m pl)	hazine	[hazine]

descobrimento (m)	keşif	[keʃif]
descobrir (novas terras)	keşfetmek	[keʃfetmek]
expedição (f)	bilimsel gezisi	[bilimzel gezisi]

mosqueteiro (m)	silahşor	[silahʃor]
cardeal (m)	kardinal	[kardinal]
heráldica (f)	armacılık	[armadʒılık]
heráldico	hanedan armasına ait	[hanedan armasına ait]

117. Líder. Chefe. Autoridades

rei (m)	kral	[kral]
rainha (f)	kraliçe	[kralitʃe]
real	kraliyet	[kralijet]
reino (m)	krallık	[krallık]

| príncipe (m) | prens | [prens] |
| princesa (f) | prenses | [prenses] |

presidente (m)	başkan	[baʃkan]
vice-presidente (m)	ikinci başkan	[ikindʒi baʃkan]
senador (m)	senatör	[senatør]

monarca (m)	hükümdar	[hykymdar]
governante (m)	ülkenin yöneticisi	[ylkenin jønetidʒisi]
ditador (m)	diktatör	[diktatør]
tirano (m)	tiran	[tiran]
magnata (m)	magnat	[magnat]

diretor (m)	müdür	[mydyr]
chefe (m)	şef	[ʃef]
dirigente (m)	yönetici	[jønetidʒi]
patrão (m)	patron	[patron]
dono (m)	sahip	[sahip]

líder, chefe (m)	lider	[lider]
chefe (~ de delegação)	başkan	[baʃkan]
autoridades (f pl)	yetkililer	[jetkililer]
superiores (m pl)	şefler	[ʃefler]

governador (m)	vali	[vali]
cônsul (m)	konsolos	[konsolos]
diplomata (m)	diplomat	[diplomat]
Presidente (m) da Câmara	belediye başkanı	[beledije baʃkanı]
xerife (m)	şerif	[ʃerif]

| imperador (m) | imparator | [imparator] |
| czar (m) | çar | [tʃar] |

| faraó (m) | firavun | [firavun] |
| cã (m) | han | [han] |

118. Viloação da lei. Criminosos. Parte 1

bandido (m)	haydut	[hajdut]
crime (m)	suç	[sutʃ]
criminoso (m)	suçlu	[sutʃlu]

ladrão (m)	hırsız	[hırsız]
roubar (vt)	hırsızlık yapmak	[hırsızlık japmak]
furto (m)	hırsızlık	[hırsızlık]
furto (m)	çalma, soyma	[tʃalma], [sojma]

raptar (ex. ~ uma criança)	kaçırmak	[katʃırmak]
rapto (m)	adam kaçırma	[adam katʃırma]
raptor (m)	adam kaçıran	[adam katʃıran]

| resgate (m) | fidye | [fidje] |
| pedir resgate | fidye istemek | [fidje istemek] |

roubar (vt)	soymak	[sojmak]
assalto, roubo (m)	silahlı soygun	[silahlı sojgun]
assaltante (m)	soyguncu	[sojgundʒu]

extorquir (vt)	şantaj yapmak	[ʃantaʒ japmak]
extorsionário (m)	şantajcı	[ʃantaʒdʒı]
extorsão (f)	şantaj	[ʃantaʒ]

matar, assassinar (vt)	öldürmek	[øldyrmek]
homicídio (m)	öldürme	[øldyrme]
homicida, assassino (m)	katil	[katil]

tiro (m)	atış	[atıʃ]
dar um tiro	atış yapmak	[atıʃ japmak]
matar a tiro	vurmak	[vurmak]
atirar, disparar (vi)	ateş etmek	[ateʃ etmek]
tiroteio (m)	ateş etme	[ateʃ etme]

incidente (m)	olay	[olaj]
briga (~ de rua)	kavga	[kavga]
Socorro!	İmdat!	[imdat]
vítima (f)	kurban	[kurban]

danificar (vt)	zarar vermek	[zarar vermek]
dano (m)	zarar	[zarar]
cadáver (m)	ceset	[dʒeset]
grave	ağır	[aır]

atacar (vt)	saldırmak	[saldırmak]
bater (espancar)	vurmak	[vurmak]
espancar (vt)	dövmek	[døvmek]
tirar, roubar (dinheiro)	zorla almak	[zorla almak]
esfaquear (vt)	bıçakla öldürmek	[bıtʃakla øldyrmek]

mutilar (vt)	sakatlamak	[sakatlamak]
ferir (vt)	yaralamak	[jaralamak]
chantagem (f)	şantaj	[ʃantaʒ]
chantagear (vt)	şantaj yapmak	[ʃantaʒ japmak]
chantagista (m)	şantajcı	[ʃantaʒdʒı]
extorsão (em troca de proteção)	haraç	[haratʃ]
extorsionário (m)	haraççı	[haratʃı]
gângster (m)	gangster	[gangster]
máfia (f)	mafya	[mafja]
carteirista (m)	yankesici	[jankesidʒi]
assaltante, ladrão (m)	hırsız	[hırsız]
contrabando (m)	kaçakçılık	[katʃaktʃılık]
contrabandista (m)	kaçakçı	[katʃaktʃı]
falsificação (f)	taklit	[taklit]
falsificar (vt)	taklit etmek	[taklit etmek]
falsificado	sahte	[sahte]

119. Viloação da lei. Criminosos. Parte 2

violação (f)	ırza geçme	[ırza getʃme]
violar (vt)	ırzına geçmek	[ırzına getʃmek]
violador (m)	zorba	[zorba]
maníaco (m)	manyak	[manjak]
prostituta (f)	hayat kadını	[hajat kadını]
prostituição (f)	hayat kadınlığı	[hajat kadınlı:ı]
chulo (m)	kadın tüccarı	[kadın tydʒarı]
toxicodependente (m)	uyuşturucu bağımlısı	[ujuʃturudʒu baımlısı]
traficante (m)	uyuşturucu taciri	[ujuʃturudʒu tadʒiri]
explodir (vt)	patlatmak	[patlamak]
explosão (f)	patlama	[patlama]
incendiar (vt)	yangın çıkarmak	[jangın tʃıkarmak]
incendiário (m)	kundakçı	[kundaktʃı]
terrorismo (m)	terörizm	[terørizm]
terrorista (m)	terörist	[terørist]
refém (m)	tutak, rehine	[tutak], [rehine]
enganar (vt)	dolandırmak	[dolandırmak]
engano (m)	dolandırma	[dolandırma]
vigarista (m)	dolandırıcı	[dolandırıdʒı]
subornar (vt)	rüşvet vermek	[ryʃvet vermek]
suborno (atividade)	rüşvet verme	[ryʃvet verme]
suborno (dinheiro)	rüşvet	[ryʃvet]
veneno (m)	zehir	[zehir]
envenenar (vt)	zehirlemek	[zehirlemek]

envenenar-se (vr)	birisini zehirlemek	[birisini zehirlemek]
suicídio (m)	intihar	[intihar]
suicida (m)	intihar eden kimse	[intihar eden kimse]
ameaçar (vt)	tehdit etmek	[tehdit etmek]
ameaça (f)	tehdit	[tehdit]
atentar contra a vida de ...	öldürmeye çalışmak	[øldyrmeje tʃalıʃmak]
atentado (m)	suikast	[suitkast]
roubar (o carro)	çalmak	[tʃalmak]
desviar (o avião)	kaçırmak	[katʃırmak]
vingança (f)	intikam	[intikam]
vingar (vt)	intikam almak	[intikam almak]
torturar (vt)	işkence etmek	[iʃkendʒe etmek]
tortura (f)	işkence	[iʃkendʒe]
atormentar (vt)	acı çektirmek	[adʒı tʃektirmek]
pirata (m)	korsan	[korsan]
desordeiro (m)	holigan	[holigan]
armado	silahlı	[silahlı]
violência (f)	şiddet olayları	[ʃiddet olajarı]
ilegal	yasadışı	[jasadıʃı]
espionagem (f)	casusluk	[dʒasusluk]
espionar (vi)	casusluk yapmak	[dʒasusluk japmak]

120. Polícia. Lei. Parte 1

justiça (f)	adalet	[adalet]
tribunal (m)	mahkeme	[mahkeme]
juiz (m)	yargıç	[jargıtʃ]
jurados (m pl)	jüri üyesi	[ʒyri jujesi]
tribunal (m) do júri	jürili yargılama	[ʒyrili jargılama]
julgar (vt)	yargılamak	[jargılamak]
advogado (m)	avukat	[avukat]
réu (m)	sanık	[sanık]
banco (m) dos réus	sanık sandalyesi	[sanık sandaljesi]
acusação (f)	suçlama	[sutʃlama]
acusado (m)	sanık	[sanık]
sentença (f)	ceza, hüküm	[dʒeza], [hykym]
sentenciar (vt)	mahkum etmek	[mahkym etmek]
culpado (m)	suçlu	[sutʃlu]
punir (vt)	cezalandırmak	[dʒezalandırmak]
punição (f)	ceza	[dʒeza]
multa (f)	ceza	[dʒeza]
prisão (f) perpétua	ömür boyu hapis	[ømyr boju hapis]

pena (f) de morte	ölüm cezası	[ølym dʒezası]
cadeira (f) elétrica	elektrikli sandalye	[elektrikli sandalje]
forca (f)	darağacı	[daraadʒı]
executar (vt)	idam etmek	[idam etmek]
execução (f)	idam	[idam]
prisão (f)	hapishane	[hapishane]
cela (f) de prisão	hücre, koğuş	[hydʒre], [kouʃ]
escolta (f)	muhafız takımı	[muhafız takımı]
guarda (m) prisional	gardiyan	[gardijan]
preso (m)	tutuklu	[tutuklu]
algemas (f pl)	kelepçe	[keleptʃe]
algemar (vt)	kelepçelemek	[keleptʃelemek]
fuga, evasão (f)	kaçma	[katʃma]
fugir (vi)	kaçmak	[katʃmak]
desaparecer (vi)	kaybolmak	[kajbolmak]
soltar, libertar (vt)	tahliye etmek	[tahlije etmek]
amnistia (f)	af	[af]
polícia (instituição)	polis	[polis]
polícia (m)	erkek polis	[erkek polis]
esquadra (f) de polícia	polis karakolu	[polis karakolu]
cassetete (m)	cop	[dʒop]
megafone (m)	megafon	[megafon]
carro (m) de patrulha	devriye arabası	[devrije arabası]
sirene (f)	siren	[siren]
ligar a sirene	sireni açmak	[sireni atʃmak]
toque (m) da sirene	siren sesi	[siren sesi]
cena (f) do crime	olay yeri	[olaj jeri]
testemunha (f)	şahit	[ʃahit]
liberdade (f)	hürriyet	[hyrrijet]
cúmplice (m)	suç ortağı	[sutʃ ortaı]
escapar (vi)	kaçmak	[katʃmak]
traço (não deixar ~s)	iz	[iz]

121. Polícia. Lei. Parte 2

procura (f)	arama	[arama]
procurar (vt)	aramak	[aramak]
suspeita (f)	şüphe	[ʃyphe]
suspeito	şüpheli	[ʃypheli]
parar (vt)	durdurmak	[durdurmak]
deter (vt)	tutuklamak	[tutuklamak]
caso (criminal)	dava	[dava]
investigação (f)	soruşturma	[soruʃturma]
detetive (m)	dedektif	[dedektif]
investigador (m)	sorgu yargıcı	[sorgu jargıdʒı]

versão (f)	versiyon	[versjon]
motivo (m)	gerekçe	[gerektʃe]
interrogatório (m)	sorgu	[sorgu]
interrogar (vt)	sorgulamak	[sorgulamak]
questionar (vt)	soruşturmak	[soruʃturmak]
verificação (f)	yoklama	[joklama]
batida (f) policial	tarama	[tarama]
busca (f)	arama	[arama]
perseguição (f)	kovalama	[kovalama]
perseguir (vt)	takip etmek	[takip etmek]
seguir (vt)	izlemek	[izlemek]
prisão (f)	tutuklama	[tutuklama]
prender (vt)	tutuklamak	[tutuklamak]
pegar, capturar (vt)	yakalamak	[jakalamak]
captura (f)	yakalama	[jakalama]
documento (m)	belge	[belge]
prova (f)	kanıt, ispat	[kanıt], [ispat]
provar (vt)	ispat etmek	[ispat etmek]
pegada (f)	ayak izi	[ajak ızı]
impressões (f pl) digitais	parmak izleri	[parmak izleri]
prova (f)	delil	[delil]
álibi (m)	mazeret	[mazeret]
inocente	suçsuz	[sutʃsuz]
injustiça (f)	haksızlık	[haksızlık]
injusto	haksız	[haksız]
criminal	cinayet	[dʒinajet]
confiscar (vt)	el koymak	[el kojmak]
droga (f)	uyuşturucu	[ujuʃturudʒu]
arma (f)	silah	[silah]
desarmar (vt)	silahsızlandırmak	[silah sızlandırmak]
ordenar (vt)	emretmek	[emretmek]
desaparecer (vi)	kaybolmak	[kajbolmak]
lei (f)	kanun	[kanun]
legal	kanuni	[kanuni]
ilegal	kanuna aykırı	[kanuna ajkırı]
responsabilidade (f)	sorumluluk	[sorumluluk]
responsável	sorumlu	[sorumlu]

NATUREZA

A Terra. Parte 1

122. Espaço sideral

cosmos (m)	uzay, evren	[uzaj], [evren]
cósmico	uzay	[uzaj]
espaço (m) cósmico	feza	[feza]
mundo (m)	kainat	[kajnat]
universo (m)	evren	[evren]
galáxia (f)	galaksi	[galaksi]
estrela (f)	yıldız	[jıldız]
constelação (f)	takımyıldız	[takımjıldız]
planeta (m)	gezegen	[gezegen]
satélite (m)	uydu	[ujdu]
meteorito (m)	göktaşı	[gøktaʃı]
cometa (m)	kuyruklu yıldız	[kujruklu jıldız]
asteroide (m)	asteroit	[asteroit]
órbita (f)	yörünge	[jørynge]
girar (vi)	dönmek	[dønmek]
atmosfera (f)	atmosfer	[atmosfer]
Sol (m)	Güneş	[gyneʃ]
Sistema (m) Solar	Güneş sistemi	[gyneʃ sistemi]
eclipse (m) solar	Güneş tutulması	[gyneʃ tutulması]
Terra (f)	Dünya	[dynja]
Lua (f)	Ay	[aj]
Marte (m)	Mars	[mars]
Vénus (f)	Venüs	[venys]
Júpiter (m)	Jüpiter	[ʒupiter]
Saturno (m)	Satürn	[satyrn]
Mercúrio (m)	Merkür	[merkyr]
Urano (m)	Uranüs	[uranys]
Neptuno (m)	Neptün	[neptyn]
Plutão (m)	Plüton	[plyton]
Via Láctea (f)	Samanyolu	[samanjolu]
Ursa Maior (f)	Büyükayı	[byjuk ajı]
Estrela Polar (f)	Kutup yıldızı	[kutup jıldızı]
marciano (m)	Merihli	[merihli]
extraterrestre (m)	uzaylı	[uzajlı]

alienígena (m)	uzaylı	[uzajlı]
disco (m) voador	uçan daire	[utʃan daire]
nave (f) espacial	uzay gemisi	[uzaj gemisi]
estação (f) orbital	yörünge istasyonu	[jørynge istasjonu]
lançamento (m)	uzaya fırlatma	[uzaja fırlatma]
motor (m)	motor	[motor]
bocal (m)	roket meme	[roket meme]
combustível (m)	yakıt	[jakıt]
cabine (f)	kabin	[kabin]
antena (f)	anten	[anten]
vigia (f)	lombar	[lombar]
bateria (f) solar	güneş pili	[gyneʃ pili]
traje (m) espacial	uzay elbisesi	[uzaj elbisesi]
imponderabilidade (f)	ağırlıksızlık	[aırlıksızlık]
oxigénio (m)	oksijen	[oksiʒen]
acoplagem (f)	uzayda kenetlenme	[uzajda kenetlenme]
fazer uma acoplagem	kenetlenmek	[kenetlenmek]
observatório (m)	gözlemevi	[gøzlemevi]
telescópio (m)	teleskop	[teleskop]
observar (vt)	gözlemlemek	[gøzlemlemek]
explorar (vt)	araştırmak	[araʃtırmak]

123. A Terra

Terra (f)	Dünya	[dynja]
globo terrestre (Terra)	yerküre	[jerkyre]
planeta (m)	gezegen	[gezegen]
atmosfera (f)	atmosfer	[atmosfer]
geografia (f)	coğrafya	[dʒoorafja]
natureza (f)	doğa	[doa]
globo (mapa esférico)	yerküre	[jerkyre]
mapa (m)	harita	[harita]
atlas (m)	atlas	[atlas]
Europa (f)	Avrupa	[avrupa]
Ásia (f)	Asya	[asja]
África (f)	Afrika	[afrika]
Austrália (f)	Avustralya	[avustralja]
América (f)	Amerika	[amerika]
América (f) do Norte	Kuzey Amerika	[kuzej amerika]
América (f) do Sul	Güney Amerika	[gynej amerika]
Antártida (f)	Antarktik	[antarktik]
Ártico (m)	Arktik	[arktik]

124. Pontos cardeais

norte (m)	kuzey	[kuzej]
para norte	kuzeye	[kuzeje]
no norte	kuzeyde	[kuzejde]
do norte	kuzey	[kuzej]
sul (m)	güney	[gynej]
para sul	güneye	[gyneje]
no sul	güneyde	[gynejde]
do sul	güney	[gynej]
oeste, ocidente (m)	batı	[batı]
para oeste	batıya	[batıja]
no oeste	batıda	[batıda]
ocidental	batı	[batı]
leste, oriente (m)	doğu	[dou]
para leste	doğuya	[douja]
no leste	doğuda	[douda]
oriental	doğu	[dou]

125. Mar. Oceano

mar (m)	deniz	[deniz]
oceano (m)	okyanus	[okjanus]
golfo (m)	körfez	[kørfez]
estreito (m)	boğaz	[boaz]
continente (m)	kıta	[kıta]
ilha (f)	ada	[ada]
península (f)	yarımada	[jarımada]
arquipélago (m)	takımada	[takımada]
baía (f)	koy	[koj]
porto (m)	liman	[liman]
lagoa (f)	deniz kulağı	[deniz kulaı]
cabo (m)	burun	[burun]
atol (m)	atol	[atol]
recife (m)	resif	[resif]
coral (m)	mercan	[merdʒan]
recife (m) de coral	mercan kayalığı	[merdʒan kajalı:ı]
profundo	derin	[derin]
profundidade (f)	derinlik	[derinlik]
abismo (m)	uçurum	[utʃurum]
fossa (f) oceânica	çukur	[tʃukur]
corrente (f)	akıntı	[akıntı]
banhar (vt)	çevrelemek	[tʃevrelemek]
litoral (m)	kıyı	[kıjı]
costa (f)	kıyı, sahil	[kıjı], [sahil]

maré (f) alta	kabarma	[kabarma]
refluxo (m), maré (f) baixa	cezir	[dʒezir]
restinga (f)	sığlık	[sıːılık]
fundo (m)	dip	[dip]
onda (f)	dalga	[dalga]
crista (f) da onda	dağ sırtı	[daa sırtı]
espuma (f)	köpük	[køpyk]
tempestade (f)	fırtına	[fırtına]
furacão (m)	kasırga	[kasırga]
tsunami (m)	tsunami	[tsunami]
calmaria (f)	limanlık	[limanlık]
calmo	sakin	[sakin]
polo (m)	kutup	[kutup]
polar	kutuplu	[kutuplu]
latitude (f)	enlem	[enlem]
longitude (f)	boylam	[bojlam]
paralela (f)	paralel	[paralel]
equador (m)	ekvator	[ekvator]
céu (m)	gök	[gøk]
horizonte (m)	ufuk	[ufuk]
ar (m)	hava	[hava]
farol (m)	deniz feneri	[deniz feneri]
mergulhar (vi)	dalmak	[dalmak]
afundar-se (vr)	batmak	[batmak]
tesouros (m pl)	hazine	[hazine]

126. Nomes de Mares e Oceanos

Oceano (m) Atlântico	Atlas Okyanusu	[atlas okjanusu]
Oceano (m) Índico	Hint Okyanusu	[hint okjanusu]
Oceano (m) Pacífico	Pasifik Okyanusu	[pasifik okjanusu]
Oceano (m) Ártico	Kuzey Buz Denizi	[kuzej buz denizi]
Mar (m) Negro	Karadeniz	[karadeniz]
Mar (m) Vermelho	Kızıldeniz	[kızıldeniz]
Mar (m) Amarelo	Sarı Deniz	[sarı deniz]
Mar (m) Branco	Beyaz Deniz	[bejaz deniz]
Mar (m) Cáspio	Hazar Denizi	[hazar denizi]
Mar (m) Morto	Ölüdeniz	[ølydeniz]
Mar (m) Mediterrâneo	Akdeniz	[akdeniz]
Mar (m) Egeu	Ege Denizi	[ege denizi]
Mar (m) Adriático	Adriyatik Denizi	[adrijatik denizi]
Mar (m) Arábico	Umman Denizi	[umman denizi]
Mar (m) do Japão	Japon Denizi	[ʒapon denizi]
Mar (m) de Bering	Bering Denizi	[bering denizi]

Mar (m) da China Meridional	Güney Çin Denizi	[gynej tʃin denizi]
Mar (m) de Coral	Mercan Denizi	[merdʒan denizi]
Mar (m) de Tasman	Tasman Denizi	[tasman denizi]
Mar (m) do Caribe	Karayip Denizi	[karajip denizi]
Mar (m) de Barents	Barents Denizi	[barents denizi]
Mar (m) de Kara	Kara Denizi	[kara denizi]
Mar (m) do Norte	Kuzey Denizi	[kuzej denizi]
Mar (m) Báltico	Baltık Denizi	[baltık denizi]
Mar (m) da Noruega	Norveç Denizi	[norvetʃ denizi]

127. Montanhas

montanha (f)	dağ	[daa]
cordilheira (f)	dağ silsilesi	[daa silsilesi]
serra (f)	sıradağlar	[sıradaalar]
cume (m)	zirve	[zirve]
pico (m)	doruk, zirve	[doruk], [zirve]
sopé (m)	etek	[etek]
declive (m)	yamaç	[jamatʃ]
vulcão (m)	yanardağ	[janardaa]
vulcão (m) ativo	faal yanardağ	[faal janardaa]
vulcão (m) extinto	sönmüş yanardağ	[sønmyʃ janardaa]
erupção (f)	püskürme	[pyskyrme]
cratera (f)	yanardağ ağzı	[janardaa aazı]
magma (m)	magma	[magma]
lava (f)	lav	[lav]
fundido (lava ~a)	kızgın	[kızgın]
desfiladeiro (m)	kanyon	[kanjon]
garganta (f)	boğaz	[boaz]
fenda (f)	dere	[dere]
precipício (m)	uçurum	[utʃurum]
passo, colo (m)	dağ geçidi	[daa getʃidi]
planalto (m)	yayla	[jajla]
falésia (f)	kaya	[kaja]
colina (f)	tepe	[tepe]
glaciar (m)	buzluk	[buzluk]
queda (f) d'água	şelâle	[ʃelale]
géiser (m)	gayzer	[gajzer]
lago (m)	göl	[gøl]
planície (f)	ova	[ova]
paisagem (f)	manzara	[manzara]
eco (m)	yankı	[jankı]
alpinista (m)	dağcı, alpinist	[daadʒı], [alpinist]
escalador (m)	dağcı	[daadʒı]

| conquistar (vt) | fethetmek | [fethetmek] |
| subida, escalada (f) | tırmanma | [tırmanma] |

128. Nomes de montanhas

Alpes (m pl)	Alp Dağları	[alp daaları]
monte Branco (m)	Mont Blanc	[mont blan]
Pirineus (m pl)	Pireneler	[pirineler]
Cárpatos (m pl)	Karpatlar	[karpatlar]
montes (m pl) Urais	Ural Dağları	[ural daaları]
Cáucaso (m)	Kafkasya	[kafkasja]
Elbrus (m)	Elbruz Dağı	[elbrus daaı]
Altai (m)	Altay	[altaj]
Tian-Shan (m)	Tien-şan	[tjen ʃan]
Pamir (m)	Pamir	[pamir]
Himalaias (m pl)	Himalaya Dağları	[himalaja daaları]
monte (m) Everest	Everest Dağı	[everest daaı]
Cordilheira (f) dos Andes	And Dağları	[and daaları]
Kilimanjaro (m)	Kilimanjaro	[kilimandʒaro]

129. Rios

rio (m)	nehir, ırmak	[nehir], [ırmak]
fonte, nascente (f)	kaynak	[kajnak]
leito (m) do rio	nehir yatağı	[nehir jataı]
bacia (f)	havza	[havza]
desaguar no ...	... dökülmek	[døkylmek]
afluente (m)	kol	[kol]
margem (do rio)	sahil	[sahil]
corrente (f)	akıntı	[akıntı]
rio abaixo	nehir boyunca	[nehir bojundʒa]
rio acima	nehirden yukarı	[nehirden jukarı]
inundação (f)	taşkın	[taʃkın]
cheia (f)	nehrin taşması	[nehrin taʃması]
transbordar (vi)	taşmak	[taʃmak]
inundar (vt)	su basmak	[su basmak]
banco (m) de areia	sığlık	[sı:ılık]
rápidos (m pl)	nehrin akıntılı yeri	[nehrin akıntılı jeri]
barragem (f)	baraj	[baraʒ]
canal (m)	kanal	[kanal]
reservatório (m) de água	baraj gölü	[baraʒ gøly]
eclusa (f)	alavere havuzu	[alavere havuzu]
corpo (m) de água	su birikintisi	[su birikintisi]
pântano (m)	bataklık	[bataklık]

tremedal (m)	bataklık arazi	[bataklık arazi]
remoinho (m)	girdap	[girdap]
arroio, regato (m)	dere	[dere]
potável	içilir	[itʃilir]
doce (água)	tatlı	[tatlı]
gelo (m)	buz	[buz]
congelar-se (vr)	buz tutmak	[buz tutmak]

130. Nomes de rios

rio Sena (m)	Sen nehri	[sen nehri]
rio Loire (m)	Loire nehri	[luara nehri]
rio Tamisa (m)	Thames nehri	[temz nehri]
rio Reno (m)	Ren nehri	[ren nehri]
rio Danúbio (m)	Tuna nehri	[tuna nehri]
rio Volga (m)	Volga nehri	[volga nehri]
rio Don (m)	Don nehri	[don nehri]
rio Lena (m)	Lena nehri	[lena nehri]
rio Amarelo (m)	Sarı Irmak	[sarı ırmak]
rio Yangtzé (m)	Yangçe nehri	[jangtʃe nehri]
rio Mekong (m)	Mekong nehri	[mekong nehri]
rio Ganges (m)	Ganj nehri	[ganʒ nehri]
rio Nilo (m)	Nil nehri	[nil nehri]
rio Congo (m)	Kongo nehri	[kongo nehri]
rio Cubango (m)	Okavango nehri	[okavango nehri]
rio Zambeze (m)	Zambezi nehri	[zambezi nehri]
rio Limpopo (m)	Limpopo nehri	[limpopo nehri]
rio Mississípi (m)	Mississippi nehri	[misisipi nehri]

131. Floresta

floresta (f), bosque (m)	orman	[orman]
florestal	orman	[orman]
mata (f) cerrada	kesif orman	[kesif orman]
arvoredo (m)	koru, ağaçlık	[koru], [aatʃlık]
clareira (f)	ormanda açıklığı	[ormanda atʃıklı:ı]
matagal (m)	sık ağaçlık	[ʃık aatʃlık]
mato (m)	çalılık	[tʃalılık]
vereda (f)	keçi yolu	[ketʃi jolu]
ravina (f)	sel yatağı	[sel jataı]
árvore (f)	ağaç	[aatʃ]
folha (f)	yaprak	[japrak]

folhagem (f)	yapraklar	[japraklar]
queda (f) das folhas	yaprak dökümü	[japrak døkymy]
cair (vi)	dökülmek	[døkylmek]
topo (m)	ağacın tepesi	[aadʒın tepesi]

ramo (m)	dal	[dal]
galho (m)	ağaç dalı	[aatʃ dalı]
botão, rebento (m)	tomurcuk	[tomurdʒuk]
agulha (f)	iğne yaprak	[i:ine japrak]
pinha (f)	kozalak	[kozalak]

buraco (m) de árvore	kovuk	[kovuk]
ninho (m)	yuva	[juva]
toca (f)	in	[in]

tronco (m)	gövde	[gøvde]
raiz (f)	kök	[køk]
casca (f) de árvore	kabuk	[kabuk]
musgo (m)	yosun	[josun]

arrancar pela raiz	kökünden sökmek	[køkynden søkmek]
cortar (vt)	kesmek	[kesmek]
desflorestar (vt)	ağaçları yok etmek	[aatʃları jok etmek]
toco, cepo (m)	kütük	[kytyk]

fogueira (f)	kamp ateşi	[kamp ateʃi]
incêndio (m) florestal	yangın	[jangın]
apagar (vt)	söndürmek	[søndyrmek]

guarda-florestal (m)	orman bekçisi	[orman bektʃisi]
proteção (f)	koruma	[koruma]
proteger (a natureza)	korumak	[korumak]
caçador (m) furtivo	kaçak avcı	[katʃak avdʒı]
armadilha (f)	kapan	[kapan]

| colher (cogumelos, bagas) | toplamak | [toplamak] |
| perder-se (vr) | yolunu kaybetmek | [jolunu kajbetmek] |

132. Recursos naturais

recursos (m pl) naturais	doğal kaynaklar	[doal kajnaklar]
minerais (m pl)	madensel maddeler	[madensel maddeler]
depósitos (m pl)	katman	[katman]
jazida (f)	yatak	[jatak]

extrair (vt)	çıkarmak	[tʃıkarmak]
extração (f)	maden çıkarma	[maden tʃıkarma]
minério (m)	filiz	[filiz]
mina (f)	maden ocağı	[maden odʒaı]
poço (m) de mina	kuyu	[kuju]
mineiro (m)	maden işçisi	[maden iʃtʃisi]

| gás (m) | gaz | [gaz] |
| gasoduto (m) | gaz boru hattı | [gaz boru hattı] |

petróleo (m)	petrol	[petrol]
oleoduto (m)	petrol boru hattı	[petrol boru hattı]
poço (m) de petróleo	petrol kulesi	[petrol kulesi]
torre (f) petrolífera	sondaj kulesi	[sondaʒ kulesi]
petroleiro (m)	tanker	[tanker]
areia (f)	kum	[kum]
calcário (m)	kireçtaşı	[kiretʃtaʃı]
cascalho (m)	çakıl	[tʃakılı]
turfa (f)	turba	[turba]
argila (f)	kil	[kil]
carvão (m)	kömür	[kømyr]
ferro (m)	demir	[demir]
ouro (m)	altın	[altın]
prata (f)	gümüş	[gymyʃ]
níquel (m)	nikel	[nikel]
cobre (m)	bakır	[bakır]
zinco (m)	çinko	[tʃinko]
manganês (m)	manganez	[manganez]
mercúrio (m)	cıva	[dʒıva]
chumbo (m)	kurşun	[kurʃun]
mineral (m)	mineral	[mineral]
cristal (m)	billur	[billyr]
mármore (m)	mermer	[mermer]
urânio (m)	uranyum	[uranjum]

A Terra. Parte 2

133. Tempo

tempo (m)	hava	[hava]
previsão (f) do tempo	hava tahmini	[hava tahmini]
temperatura (f)	sıcaklık	[sıdʒaklık]
termómetro (m)	termometre	[termometre]
barómetro (m)	barometre	[barometre]
húmido	nemli	[nemli]
humidade (f)	nem	[nem]
calor (m)	sıcaklık	[sıdʒaklık]
cálido	sıcak	[sıdʒak]
está muito calor	hava sıcak	[hava sıdʒak]
está calor	hava ılık	[hava ılık]
quente	ılık	[ılık]
está frio	hava soğuk	[hava souk]
frio	soğuk	[souk]
sol (m)	güneş	[gyneʃ]
brilhar (vi)	ışık vermek	[ıʃık vermek]
de sol, ensolarado	güneşli	[gyneʃli]
nascer (vi)	doğmak	[doomak]
pôr-se (vr)	batmak	[batmak]
nuvem (f)	bulut	[bulut]
nublado	bulutlu	[bulutlu]
nuvem (f) preta	yağmur bulutu	[jaamur bulutu]
escuro, cinzento	kapalı	[kapalı]
chuva (f)	yağmur	[jaamur]
está a chover	yağmur yağıyor	[jaamur jaıjor]
chuvoso	yağmurlu	[jaamurlu]
chuviscar (vi)	çiselemek	[tʃiselemek]
chuva (f) torrencial	sağanak	[saanak]
chuvada (f)	şiddetli yağmur	[ʃiddetli jaamur]
forte (chuva)	şiddetli, zorlu	[ʃiddetli], [zorlu]
poça (f)	su birikintisi	[su birikintisi]
molhar-se (vr)	ıslanmak	[ıslanmak]
nevoeiro (m)	sis, duman	[sis], [duman]
de nevoeiro	sisli	[sisli]
neve (f)	kar	[kar]
está a nevar	kar yağıyor	[kar jaıjor]

134. Tempo extremo. Catástrofes naturais

trovoada (f)	fırtına	[fırtına]
relâmpago (m)	şimşek	[ʃimʃek]
relampejar (vi)	çakmak	[ʧakmak]
trovão (m)	gök gürültüsü	[gøk gyryltysy]
trovejar (vi)	gürlemek	[gyrlemek]
está a trovejar	gök gürlüyor	[gøk gyrlyjor]
granizo (m)	dolu	[dolu]
está a cair granizo	dolu yağıyor	[dolu jaıjor]
inundar (vt)	su basmak	[su basmak]
inundação (f)	taşkın	[taʃkın]
terremoto (m)	deprem	[deprem]
abalo, tremor (m)	sarsıntı	[sarsıntı]
epicentro (m)	deprem merkezi	[deprem merkezi]
erupção (f)	püskürme	[pyskyrme]
lava (f)	lav	[lav]
turbilhão (m)	hortum	[hortum]
tornado (m)	kasırga	[kasırga]
tufão (m)	tayfun	[tajfun]
furacão (m)	kasırga	[kasırga]
tempestade (f)	fırtına	[fırtına]
tsunami (m)	tsunami	[tsunami]
ciclone (m)	siklon	[siklon]
mau tempo (m)	kötü hava	[køty hava]
incêndio (m)	yangın	[jangın]
catástrofe (f)	felaket	[felaket]
meteorito (m)	göktaşı	[gøktaʃı]
avalanche (f)	çığ	[ʧɪː]
deslizamento (m) de neve	çığ	[ʧɪː]
nevasca (f)	tipi	[tipi]
tempestade (f) de neve	kar fırtınası	[kar fırtınası]

Fauna

135. Mamíferos. Predadores

predador (m)	yırtıcı hayvan	[jɪrtɪdʒɪ hajvan]
tigre (m)	kaplan	[kaplan]
leão (m)	aslan	[aslan]
lobo (m)	kurt	[kurt]
raposa (f)	tilki	[tilki]
jaguar (m)	jagar, jaguar	[ʒagar]
leopardo (m)	leopar	[leopar]
chita (f)	çita	[tʃita]
pantera (f)	panter	[panter]
puma (m)	puma	[puma]
leopardo-das-neves (m)	kar leoparı	[kar leoparı]
lince (m)	vaşak	[vaʃak]
coiote (m)	kır kurdu	[kır kurdu]
chacal (m)	çakal	[tʃakal]
hiena (f)	sırtlan	[sırtlan]

136. Animais selvagens

animal (m)	hayvan	[hajvan]
besta (f)	vahşi hayvan	[vahʃi hajvan]
esquilo (m)	sincap	[sindʒap]
ouriço (m)	kirpi	[kirpi]
lebre (f)	yabani tavşan	[jabani tavʃan]
coelho (m)	tavşan	[tavʃan]
texugo (m)	porsuk	[porsuk]
guaxinim (m)	rakun	[rakun]
hamster (m)	cırlak sıçan	[dʒirlak sıtʃan]
marmota (f)	dağ sıçanı	[daa sıtʃanı]
toupeira (f)	köstebek	[køstebek]
rato (m)	fare	[fare]
ratazana (f)	sıçan	[sıtʃan]
morcego (m)	yarasa	[jarasa]
arminho (m)	kakım	[kakım]
zibelina (f)	samur	[samur]
marta (f)	ağaç sansarı	[aatʃ sansarı]
doninha (f)	gelincik	[gelindʒik]
vison (m)	vizon	[vizon]

| castor (m) | kunduz | [kunduz] |
| lontra (f) | su samuru | [su samuru] |

cavalo (m)	at	[at]
alce (m)	Avrupa musu	[avrupa musu]
veado (m)	geyik	[gejik]
camelo (m)	deve	[deve]

bisão (m)	bizon	[bizon]
auroque (m)	Avrupa bizonu	[avrupa bizonu]
búfalo (m)	manda	[manda]

zebra (f)	zebra	[zebra]
antílope (m)	antilop	[antilop]
corça (f)	karaca	[karadʒa]
gamo (m)	alageyik	[alagejik]
camurça (f)	dağ keçisi	[daa ketʃisi]
javali (m)	yaban domuzu	[jaban domuzu]

baleia (f)	balina	[balina]
foca (f)	fok	[fok]
morsa (f)	mors	[mors]
urso-marinho (m)	kürklü fok balığı	[kyrkly fok balı:ı]
golfinho (m)	yunus	[junus]

urso (m)	ayı	[ajı]
urso (m) branco	beyaz ayı	[bejaz ajı]
panda (m)	panda	[panda]

macaco (em geral)	maymun	[majmun]
chimpanzé (m)	şempanze	[ʃempanze]
orangotango (m)	orangutan	[orangutan]
gorila (m)	goril	[goril]
macaco (m)	makak	[makak]
gibão (m)	jibon	[ʒibon]

elefante (m)	fil	[fil]
rinoceronte (m)	gergedan	[gergedan]
girafa (f)	zürafa	[zyrafa]
hipopótamo (m)	su aygırı	[su ajgırı]

| canguru (m) | kanguru | [kanguru] |
| coala (m) | koala | [koala] |

mangusto (m)	firavunfaresi	[fıravunfaresi]
chinchila (m)	şinşilla	[ʃinʃilla]
doninha-fedorenta (f)	kokarca	[kokardʒa]
porco-espinho (m)	oklukirpi	[oklukirpi]

137. Animais domésticos

gata (f)	kedi	[kedi]
gato (m) macho	erkek kedi	[erkek kedi]
cão (m)	köpek	[køpek]

cavalo (m)	at	[at]
garanhão (m)	aygır	[ajgır]
égua (f)	kısrak	[kısrak]
vaca (f)	inek	[inek]
touro (m)	boğa	[boa]
boi (m)	öküz	[økyz]
ovelha (f)	koyun	[kojun]
carneiro (m)	koç	[kotʃ]
cabra (f)	keçi	[ketʃi]
bode (m)	teke	[teke]
burro (m)	eşek	[eʃek]
mula (f)	katır	[katır]
porco (m)	domuz	[domuz]
leitão (m)	domuz yavrusu	[domuz javrusu]
coelho (m)	tavşan	[tavʃan]
galinha (f)	tavuk	[tavuk]
galo (m)	horoz	[horoz]
pata (f)	ördek	[ørdek]
pato (macho)	suna	[suna]
ganso (m)	kaz	[kaz]
peru (m)	erkek hindi	[erkek hindi]
perua (f)	dişi hindi	[diʃi hindi]
animais (m pl) domésticos	evcil hayvanlar	[evdʒil hajvanlar]
domesticado	evcil	[evdʒil]
domesticar (vt)	evcilleştirmek	[evdʒilleʃtirmek]
criar (vt)	yetiştirmek	[jetiʃtirmek]
quinta (f)	çiftlik	[tʃiftlik]
aves (f pl) domésticas	kümse hayvanları	[kymse hajvanları]
gado (m)	çiftlik hayvanları	[tʃiftlik hajvanları]
rebanho (m), manada (f)	sürü	[syry]
estábulo (m)	ahır	[ahır]
pocilga (f)	domuz ahırı	[domuz ahırı]
estábulo (m)	inek ahırı	[inek ahırı]
coelheira (f)	tavşan kafesi	[tavʃan kafesi]
galinheiro (m)	tavuk kümesi	[tavuk kymesi]

138. Pássaros

pássaro (m), ave (f)	kuş	[kuʃ]
pombo (m)	güvercin	[gyverdʒin]
pardal (m)	serçe	[sertʃe]
chapim-real (m)	baştankara	[baʃtankara]
pega-rabuda (f)	saksağan	[saksaan]
corvo (m)	kara karga, kuzgun	[kara karga], [kuzgun]

Português	Turco	Pronúncia
gralha (f) cinzenta	karga	[karga]
gralha-de-nuca-cinzenta (f)	küçük karga	[kytʃuk karga]
gralha-calva (f)	ekin kargası	[ekin kargası]
pato (m)	ördek	[ørdek]
ganso (m)	kaz	[kaz]
faisão (m)	sülün	[sylyn]
águia (f)	kartal	[kartal]
açor (m)	atmaca	[atmadʒa]
falcão (m)	doğan	[doan]
abutre (m)	akbaba	[akbaba]
condor (m)	kondor	[kondor]
cisne (m)	kuğu	[kuu]
grou (m)	turna	[turna]
cegonha (f)	leylek	[lejlek]
papagaio (m)	papağan	[papaan]
beija-flor (m)	sinekkuşu	[sinek kuʃu]
pavão (m)	tavus	[tavus]
avestruz (m)	deve kuşu	[deve kuʃu]
garça (f)	balıkçıl	[balıktʃil]
flamingo (m)	flamingo	[flamingo]
pelicano (m)	pelikan	[pelikan]
rouxinol (m)	bülbül	[bylbyl]
andorinha (f)	kırlangıç	[kırlangıtʃ]
tordo-zornal (m)	ardıç kuşu	[ardıtʃ kuʃu]
tordo-músico (m)	öter ardıç kuşu	[øter ardıtʃ kuʃu]
melro-preto (m)	karatavuk	[kara tavuk]
andorinhão (m)	sağan	[saan]
cotovia (f)	toygar	[tojgar]
codorna (f)	bıldırcın	[bıldırdʒın]
pica-pau (m)	ağaçkakan	[aatʃkakan]
cuco (m)	guguk	[guguk]
coruja (f)	baykuş	[bajkuʃ]
corujão, bufo (m)	puhu kuşu	[puhu kuʃu]
tetraz-grande (m)	çalıhorozu	[tʃalı horozu]
tetraz-lira (m)	kayın tavuğu	[kajın tavuu]
perdiz-cinzenta (f)	keklik	[keklik]
estorninho (m)	sığırcık	[sıːırdʒık]
canário (m)	kanarya	[kanarja]
galinha-do-mato (f)	çil	[tʃil]
tentilhão (m)	ispinoz	[ispinoz]
dom-fafe (m)	şakrak kuşu	[ʃakrak kuʃu]
gaivota (f)	martı	[martı]
albatroz (m)	albatros	[albatros]
pinguim (m)	penguen	[penguen]

139. Peixes. Animais marinhos

brema (f)	çapak balığı	[ʧapak balıːı]
carpa (f)	sazan	[sazan]
perca (f)	tatlı su levreği	[tatlı su levrei]
siluro (m)	yayın	[jajın]
lúcio (m)	turna balığı	[turna balıːı]

salmão (m)	som balığı	[som balıːı]
esturjão (m)	mersin balığı	[mersin balıːı]

arenque (m)	ringa	[ringa]
salmão (m)	som, somon	[som], [somon]
cavala, sarda (f)	uskumru	[uskumru]
solha (f)	kalkan	[kalkan]

lúcio perca (m)	uzunlevrek	[uzunlevrek]
bacalhau (m)	morina balığı	[morina balıːı]
atum (m)	ton balığı	[ton balıːı]
truta (f)	alabalık	[alabalık]

enguia (f)	yılan balığı	[jılan balıːı]
raia elétrica (f)	torpilbalığı	[torpil balıːı]
moreia (f)	murana	[murana]
piranha (f)	pirana	[pirana]

tubarão (m)	köpek balığı	[køpek balıːı]
golfinho (m)	yunus	[junus]
baleia (f)	balina	[balina]

caranguejo (m)	yengeç	[jengeʧ]
medusa, alforreca (f)	denizanası	[deniz anası]
polvo (m)	ahtapot	[ahtapot]

estrela-do-mar (f)	deniz yıldızı	[deniz jıldızı]
ouriço-do-mar (m)	deniz kirpisi	[deniz kirpisi]
cavalo-marinho (m)	denizatı	[denizatı]

ostra (f)	istiridye	[istiridje]
camarão (m)	karides	[karides]
lavagante (m)	ıstakoz	[ıstakoz]
lagosta (f)	langust	[langust]

140. Amfíbios. Répteis

serpente, cobra (f)	yılan	[jılan]
venenoso	zehirli	[zehirli]

víbora (f)	engerek	[engirek]
cobra-capelo, naja (f)	kobra	[kobra]
pitão (m)	piton	[piton]
jiboia (f)	boa yılanı	[boa jılanı]
cobra-de-água (f)	çayır yılanı	[ʧajır jılanı]

T&P Books. Vocabulário Português-Turco - 5000 palavras

cascavel (f)	çıngıraklı yılan	[tʃɪrgɪraklɪ jɪlan]
anaconda (f)	anakonda	[anakonda]
lagarto (m)	kertenkele	[kertenkele]
iguana (f)	iguana	[iguana]
varano (m)	varan	[varan]
salamandra (f)	salamandra	[salamandra]
camaleão (m)	bukalemun	[bukalemun]
escorpião (m)	akrep	[akrep]
tartaruga (f)	kaplumbağa	[kaplumbaa]
rã (f)	kurbağa	[kurbaa]
sapo (m)	kara kurbağa	[kara kurbaa]
crocodilo (m)	timsah	[timsah]

141. Insetos

inseto (m)	böcek, haşere	[bødʒek], [haʃere]
borboleta (f)	kelebek	[kelebek]
formiga (f)	karınca	[karındʒa]
mosca (f)	sinek	[sinek]
mosquito (m)	sivri sinek	[sivri sinek]
escaravelho (m)	böcek	[bødʒek]
vespa (f)	eşek arısı	[eʃek arısı]
abelha (f)	arı	[arı]
mamangava (f)	toprak yaban arısı	[toprak jaban arısı]
moscardo (m)	at sineği	[at sinei]
aranha (f)	örümcek	[ørymdʒek]
teia (f) de aranha	örümcek ağı	[ørymdʒek aı]
libélula (f)	kız böceği	[kız bødʒei]
gafanhoto-do-campo (m)	çekirge	[tʃekirge]
traça (f)	pervane	[pervane]
barata (f)	hamam böceği	[hamam bødʒei]
carraça (f)	kene, sakırga	[kene], [sakırga]
pulga (f)	pire	[pire]
borrachudo (m)	tatarcık	[tatardʒık]
gafanhoto (m)	çekirge	[tʃekirge]
caracol (m)	sümüklü böcek	[symykly bødʒek]
grilo (m)	cırcır böceği	[dʒırdʒır bødʒei]
pirilampo (m)	ateş böceği	[ateʃ bødʒei]
joaninha (f)	uğur böceği	[uur bødʒei]
besouro (m)	mayıs böceği	[majıs bødʒei]
sanguessuga (f)	sülük	[sylyk]
lagarta (f)	tırtıl	[tırtıl]
minhoca (f)	solucan	[soludʒan]
larva (f)	kurtçuk	[kurtʃuk]

Flora

142. Árvores

árvore (f)	ağaç	[aatʃ]
decídua	geniş yapraklı	[geniʃ japraklı]
conífera	iğne yapraklı	[i:ine japraklı]
perene	her dem taze	[her dem taze]
macieira (f)	elma ağacı	[elma aadʒı]
pereira (f)	armut ağacı	[armut aadʒı]
cerejeira (f)	kiraz ağacı	[kiraz aadʒı]
ginjeira (f)	vişne ağacı	[viʃne aadʒı]
ameixeira (f)	erik ağacı	[erik aadʒı]
bétula (f)	huş ağacı	[huʃ aadʒı]
carvalho (m)	meşe	[meʃe]
tília (f)	ıhlamur	[ıhlamur]
choupo-tremedor (m)	titrek kavak	[titrek kavak]
bordo (m)	akça ağaç	[aktʃa aatʃ]
espruce-europeu (m)	ladin	[ladin]
pinheiro (m)	çam ağacı	[tʃam aadʒı]
alerce, lariço (m)	melez ağacı	[melez aadʒı]
abeto (m)	köknar	[køknar]
cedro (m)	sedir	[sedir]
choupo, álamo (m)	kavak	[kavak]
tramazeira (f)	üvez ağacı	[yvez aadʒı]
salgueiro (m)	söğüt	[søjut]
amieiro (m)	kızılağaç	[kızılaatʃ]
faia (f)	kayın	[kajın]
ulmeiro (m)	karaağaç	[kara aatʃ]
freixo (m)	dişbudak ağacı	[diʃbudak aadʒı]
castanheiro (m)	kestane	[kestane]
magnólia (f)	manolya	[manolja]
palmeira (f)	palmiye	[palmije]
cipreste (m)	servi	[servi]
mangue (m)	mangrov	[mangrov]
embondeiro, baobá (m)	baobab ağacı	[baobab aadʒı]
eucalipto (m)	okaliptüs	[okaliptys]
sequoia (f)	sekoya	[sekoja]

143. Arbustos

arbusto (m)	çalı	[tʃalı]
arbusto (m), moita (f)	çalılık	[tʃalılık]

videira (f)	üzüm	[yzym]
vinhedo (m)	bağ	[baa]
framboeseira (f)	ahududu	[ahududu]
groselheira-preta (f)	siyah frenk üzümü	[sijah frenk yzymy]
groselheira-vermelha (f)	kırmızı frenk üzümü	[kırmızı frenk yzymy]
groselheira (f) espinhosa	bektaşi üzümü	[bektaʃi yzymy]
acácia (f)	akasya	[akasja]
bérberis (f)	diken üzümü	[diken yzymy]
jasmim (m)	yasemin	[jasemin]
junípero (m)	ardıç	[ardıtʃ]
roseira (f)	gül ağacı	[gyl aadʒı]
roseira (f) brava	yaban gülü	[jaban gyly]

144. Frutos. Bagas

fruta (f)	meyve	[mejve]
frutas (f pl)	meyveler	[mejveler]
maçã (f)	elma	[elma]
pera (f)	armut	[armut]
ameixa (f)	erik	[erik]
morango (m)	çilek	[tʃilek]
ginja (f)	vişne	[viʃne]
cereja (f)	kiraz	[kiraz]
uva (f)	üzüm	[yzym]
framboesa (f)	ahududu	[ahududu]
groselha (f) preta	siyah frenk üzümü	[sijah frenk yzymy]
groselha (f) vermelha	kırmızı frenk üzümü	[kırmızı frenk yzymy]
groselha (f) espinhosa	bektaşi üzümü	[bektaʃi yzymy]
oxicoco (m)	kızılcık	[kızıldʒık]
laranja (f)	portakal	[portakal]
tangerina (f)	mandalina	[mandalina]
ananás (m)	ananas	[ananas]
banana (f)	muz	[muz]
tâmara (f)	hurma	[hurma]
limão (m)	limon	[limon]
damasco (m)	kayısı	[kajısı]
pêssego (m)	şeftali	[ʃeftali]
kiwi (m)	kivi	[kivi]
toranja (f)	greypfrut	[grejpfrut]
baga (f)	meyve, yemiş	[mejve], [jemiʃ]
bagas (f pl)	yemişler	[jemiʃler]
arando (m) vermelho	kırmızı yaban mersini	[kırmızı jaban mersini]
morango-silvestre (m)	yabani çilek	[jabani tʃilek]
mirtilo (m)	yaban mersini	[jaban mersini]

145. Flores. Plantas

flor (f)	çiçek	[ʧiʧek]
ramo (m) de flores	demet	[demet]
rosa (f)	gül	[gyl]
tulipa (f)	lale	[lale]
cravo (m)	karanfil	[karanfil]
gladíolo (m)	glayöl	[glajøl]
centáurea (f)	peygamber çiçeği	[pejgamber ʧiʧei]
campânula (f)	çançiçeği	[ʧanʧiʧei]
dente-de-leão (m)	hindiba	[hindiba]
camomila (f)	papatya	[papatja]
aloé (m)	sarısabır	[sarısabır]
cato (m)	kaktüs	[kaktys]
fícus (m)	kauçuk ağacı	[kauʧuk aaʤı]
lírio (m)	zambak	[zambak]
gerânio (m)	sardunya	[sardunija]
jacinto (m)	sümbül	[symbyl]
mimosa (f)	mimoza	[mimoza]
narciso (m)	nergis	[nergis]
capuchinha (f)	latin çiçeği	[latin ʧiʧei]
orquídea (f)	orkide	[orkide]
peónia (f)	şakayık	[ʃakajık]
violeta (f)	menekşe	[menekʃe]
amor-perfeito (m)	hercai menekşe	[herʤai menekʃe]
não-me-esqueças (m)	unutmabeni	[unutmabeni]
margarida (f)	papatya	[papatja]
papoula (f)	haşhaş	[haʃhaʃ]
cânhamo (m)	kendir	[kendir]
hortelã (f)	nane	[nane]
lírio-do-vale (m)	inci çiçeği	[inʤi ʧiʧei]
campânula-branca (f)	kardelen	[kardelen]
urtiga (f)	ısırgan otu	[ısırgan otu]
azeda (f)	kuzukulağı	[kuzukulaı]
nenúfar (m)	beyaz nilüfer	[bejaz nilyfer]
feto (m), samambaia (f)	eğreltiotu	[eereltiotu]
líquen (m)	liken	[liken]
estufa (f)	limonluk	[limonlyk]
relvado (m)	çimen	[ʧimen]
canteiro (m) de flores	çiçek tarhı	[ʧiʧek tarhı]
planta (f)	bitki	[bitki]
erva (f)	ot	[ot]
folha (f) de erva	ot çöpü	[ot ʧøpy]

folha (f)	yaprak	[japrak]
pétala (f)	taçyaprağı	[tatʃjapraı]
talo (m)	sap	[sap]
tubérculo (m)	yumru	[jumru]
broto, rebento (m)	filiz	[filiz]
espinho (m)	diken	[diken]
florescer (vi)	çiçeklenmek	[tʃitʃeklenmek]
murchar (vi)	solmak	[solmak]
cheiro (m)	koku	[koku]
cortar (flores)	kesmek	[kesmek]
colher (uma flor)	koparmak	[koparmak]

146. Cereais, grãos

grão (m)	tahıl, tane	[tahıl], [tane]
cereais (plantas)	tahıllar	[tahıllar]
espiga (f)	başak	[baʃak]
trigo (m)	buğday	[buudaj]
centeio (m)	çavdar	[tʃavdar]
aveia (f)	yulaf	[julaf]
milho-miúdo (m)	darı	[darı]
cevada (f)	arpa	[arpa]
milho (m)	mısır	[mısır]
arroz (m)	pirinç	[pirintʃ]
trigo-sarraceno (m)	karabuğday	[karabuudaj]
ervilha (f)	bezelye	[bezelje]
feijão (m)	fasulye	[fasulje]
soja (f)	soya	[soja]
lentilha (f)	mercimek	[merdʒimek]
fava (f)	bakla	[bakla]

PAÍSES. NACIONALIDADES

147. Europa Ocidental

Europa (f)	Avrupa	[avrupa]
União (f) Europeia	Avrupa Birliği	[avrupa birli:i]
Áustria (f)	Avusturya	[avusturja]
Grã-Bretanha (f)	Büyük Britanya	[byjuk britanja]
Inglaterra (f)	İngiltere	[ingiltere]
Bélgica (f)	Belçika	[beltʃika]
Alemanha (f)	Almanya	[almanja]
Países (m pl) Baixos	Hollanda	[hollanda]
Holanda (f)	Hollanda	[hollanda]
Grécia (f)	Yunanistan	[junanistan]
Dinamarca (f)	Danimarka	[danimarka]
Irlanda (f)	İrlanda	[irlanda]
Islândia (f)	İzlanda	[izlanda]
Espanha (f)	İspanya	[ispanja]
Itália (f)	İtalya	[italja]
Chipre (m)	Kıbrıs	[kıbrıs]
Malta (f)	Malta	[malta]
Noruega (f)	Norveç	[norvetʃ]
Portugal (m)	Portekiz	[portekiz]
Finlândia (f)	Finlandiya	[finlandja]
França (f)	Fransa	[fransa]
Suécia (f)	İsveç	[isvetʃ]
Suíça (f)	İsviçre	[isvitʃre]
Escócia (f)	İskoçya	[iskotʃja]
Vaticano (m)	Vatikan	[vatikan]
Liechtenstein (m)	Lihtenştayn	[lihtenʃtajn]
Luxemburgo (m)	Lüksemburg	[lyksemburg]
Mónaco (m)	Monako	[monako]

148. Europa Central e de Leste

Albânia (f)	Arnavutluk	[arnavutluk]
Bulgária (f)	Bulgaristan	[bulgaristan]
Hungria (f)	Macaristan	[madʒaristan]
Letónia (f)	Letonya	[letonja]
Lituânia (f)	Litvanya	[litvanja]
Polónia (f)	Polonya	[polonja]

Roménia (f)	Romanya	[romanja]
Sérvia (f)	Sırbistan	[sırbistan]
Eslováquia (f)	Slovakya	[slovakja]

Croácia (f)	Hırvatistan	[hırvatistan]
República (f) Checa	Çek Cumhuriyeti	[tʃek dʒumhurijeti]
Estónia (f)	Estonya	[estonja]

Bósnia e Herzegovina (f)	Bosna-Hersek	[bosna hertsek]
Macedónia (f)	Makedonya	[makedonja]
Eslovénia (f)	Slovenya	[slovenja]
Montenegro (m)	Karadağ	[karadaa]

149. Países da ex-URSS

| Azerbaijão (m) | Azerbaycan | [azerbajdʒan] |
| Arménia (f) | Ermenistan | [ermenistan] |

Bielorrússia (f)	Beyaz Rusya	[bejaz rusja]
Geórgia (f)	Gürcistan	[gyrdʒistan]
Cazaquistão (m)	Kazakistan	[kazakistan]
Quirguistão (m)	Kırgızistan	[kırgızistan]
Moldávia (f)	Moldova	[moldova]

| Rússia (f) | Rusya | [rusja] |
| Ucrânia (f) | Ukrayna | [ukrajna] |

Tajiquistão (m)	Tacikistan	[tadʒikistan]
Turquemenistão (m)	Türkmenistan	[tyrkmenistan]
Uzbequistão (f)	Özbekistan	[øzbekistan]

150. Asia

Ásia (f)	Asya	[asja]
Vietname (m)	Vietnam	[vjetnam]
Índia (f)	Hindistan	[hindistan]
Israel (m)	İsrail	[israil]

China (f)	Çin	[tʃin]
Líbano (m)	Lübnan	[lybnan]
Mongólia (f)	Moğolistan	[moolistan]

| Malásia (f) | Malezya | [malezja] |
| Paquistão (m) | Pakistan | [pakistan] |

Arábia (f) Saudita	Suudi Arabistan	[suudi arabistan]
Tailândia (f)	Tayland	[tailand]
Taiwan (m)	Tayvan	[tajvan]
Turquia (f)	Türkiye	[tyrkije]
Japão (m)	Japonya	[ʒaponja]
Afeganistão (m)	Afganistan	[afganistan]
Bangladesh (m)	Bangladeş	[bangladeʃ]

| Indonésia (f) | Endonezya | [endonezja] |
| Jordânia (f) | Ürdün | [urdyn] |

| Iraque (m) | Irak | [ırak] |
| Irão (m) | İran | [iran] |

| Camboja (f) | Kamboçya | [kambotʃja] |
| Kuwait (m) | Kuveyt | [kuvejt] |

Laos (m)	Laos	[laos]
Myanmar (m), Birmânia (f)	Myanmar	[mjanmar]
Nepal (m)	Nepal	[nepal]
Emirados Árabes Unidos	Birleşik Arap Emirlikleri	[birleʃik arap emirlikleri]

| Síria (f) | Suriye | [surije] |
| Palestina (f) | Filistin | [filistin] |

| Coreia do Sul (f) | Güney Kore | [gynej kore] |
| Coreia do Norte (f) | Kuzey Kore | [kuzej kore] |

151. América do Norte

Estados Unidos da América	Amerika Birleşik Devletleri	[amerika birleʃik devletleri]
Canadá (m)	Kanada	[kanada]
México (m)	Meksika	[meksika]

152. América Central do Sul

Argentina (f)	Arjantin	[arʒantin]
Brasil (m)	Brezilya	[brezilja]
Colômbia (f)	Kolombiya	[kolombija]

| Cuba (f) | Küba | [kyba] |
| Chile (m) | Şili | [ʃili] |

| Bolívia (f) | Bolivya | [bolivja] |
| Venezuela (f) | Venezuela | [venezuela] |

| Paraguai (m) | Paraguay | [paraguaj] |
| Peru (m) | Peru | [peru] |

Suriname (m)	Surinam	[surinam]
Uruguai (m)	Uruguay	[urugvaj]
Equador (m)	Ekvator	[ekvator]

| Bahamas (f pl) | Bahama adaları | [bahama adaları] |
| Haiti (m) | Haiti | [haiti] |

República (f) Dominicana	Dominik Cumhuriyeti	[dominik dʒumhurijeti]
Panamá (m)	Panama	[panama]
Jamaica (f)	Jamaika	[ʒamajka]

153. Africa

Egito (m)	Mısır	[mısır]
Marrocos	Fas	[fas]
Tunísia (f)	Tunus	[tunus]
Gana (f)	Gana	[gana]
Zanzibar (m)	Zanzibar	[zanzibar]
Quénia (f)	Kenya	[kenja]
Líbia (f)	Libya	[libja]
Madagáscar (m)	Madagaskar	[madagaskar]
Namíbia (f)	Namibya	[namibja]
Senegal (m)	Senegal	[senegal]
Tanzânia (f)	Tanzanya	[tanzanja]
África do Sul (f)	Güney Afrika Cumhuriyeti	[gynej afrika dʒumhurijeti]

154. Austrália. Oceania

Austrália (f)	Avustralya	[avustralja]
Nova Zelândia (f)	Yeni Zelanda	[jeni zelanda]
Tasmânia (f)	Tazmanya	[tazmanija]
Polinésia Francesa (f)	Fransız Polinezisi	[fransız polinezisi]

155. Cidades

Amesterdão	Amsterdam	[amsterdam]
Ancara	Ankara	[ankara]
Atenas	Atina	[atina]
Bagdade	Bağdat	[baadat]
Banguecoque	Bangkok	[bankok]
Barcelona	Barselona	[barselona]
Beirute	Beyrut	[bejrut]
Berlim	Berlin	[berlin]
Bombaim	Bombay	[bombaj]
Bona	Bonn	[bonn]
Bordéus	Bordo	[bordo]
Bratislava	Bratislava	[bratislava]
Bruxelas	Brüksel	[bryksel]
Bucareste	Bükreş	[bykreʃ]
Budapeste	Budapeşte	[budapeʃte]
Cairo	Kahire	[kahire]
Calcutá	Kalküta	[kalkyta]
Chicago	Chicago	[tʃikago]
Cidade do México	Meksiko	[meksiko]
Copenhaga	Kopenhag	[kopenhag]
Dar es Salaam	Darüsselam	[darysselam]

Deli	**Delhi**	[delhi]
Dubai	**Dubai**	[dubai]
Dublin, Dublim	**Dublin**	[dublin]
Düsseldorf	**Düsseldorf**	[dysseldorf]
Estocolmo	**Stokholm**	[stokholm]
Florença	**Floransa**	[floransa]
Frankfurt	**Frankfurt**	[frankfurt]
Genebra	**Cenevre**	[dʒenevre]
Haia	**Lahey**	[lahej]
Hamburgo	**Hamburg**	[hamburg]
Hanói	**Hanoi**	[hanoj]
Havana	**Havana**	[havana]
Helsínquia	**Helsinki**	[helsinki]
Hiroshima	**Hiroşima**	[hiroʃima]
Hong Kong	**Hong Kong**	[honkong]
Istambul	**İstanbul**	[istanbul]
Jerusalém	**Kudüs**	[kudys]
Kiev	**Kiev**	[kiev]
Kuala Lumpur	**Kuala Lumpur**	[kuala lumpur]
Lisboa	**Lizbon**	[lizbon]
Londres	**Londra**	[londra]
Los Angeles	**Los Angeles**	[los andʒeles]
Lion	**Lyon**	[ljon]
Madrid	**Madrid**	[madrid]
Marselha	**Marsilya**	[marsilja]
Miami	**Miami**	[majami]
Montreal	**Montreal**	[montreal]
Moscovo	**Moskova**	[moskova]
Munique	**Münih**	[mynih]
Nairóbi	**Nairobi**	[nairobi]
Nápoles	**Napoli**	[napoli]
Nice	**Nice**	[nis]
Nova York	**New York**	[nju jork]
Oslo	**Oslo**	[oslo]
Ottawa	**Ottava**	[ottava]
Paris	**Paris**	[paris]
Pequim	**Pekin**	[pekin]
Praga	**Prag**	[prag]
Rio de Janeiro	**Rio de Janeiro**	[rio de ʒanejro]
Roma	**Roma**	[roma]
São Petersburgo	**Saint Petersburg**	[sant peterburg]
Seul	**Seul**	[seul]
Singapura	**Singapur**	[singapur]
Sydney	**Sydney**	[sidnej]
Taipé	**Taipei**	[tajpej]
Tóquio	**Tokyo**	[tokjo]
Toronto	**Toronto**	[toronto]
Varsóvia	**Varşova**	[varʃova]

Veneza	**Venedik**	[venedik]
Viena	**Viyana**	[vijana]
Washington	**Washington**	[vaʃington]
Xangai	**Şanghay**	[ʃanghaj]

www.ingramcontent.com/pod-product-compliance
Lightning Source LLC
Chambersburg PA
CBHW070603050426
42450CB00011B/2967